Lexis Rex
Italian Word Search Puzzle Book
Volume 1

I0176511

Welcome to the Lexis Rex Italian Word Search puzzle book, play the games by looking for Italian words in the word grid using the clues in English. The words run horizontally, vertically or diagonally, backwards and forwards. You will find the Italian answers on the following page.

Intermediate students can practice their knowledge of Italian vocabulary by looking for the translation of the English word. New Italian students can use the answer list to look for the words directly, you will learn the words by gradually associating them with the meaning as you play.

Visit our site at www.LexisRex.com for more games and ways to learn Italian!

Published by Lexis Rex Language Books
Brisbane, Australia
support@lexisrex.com

Copyright © Lexis Rex 2014.

ISBN 978-0-9942082-8-6

```
D A O O V R P F O R I N A T
P I C O R R U C O C M F P O
C O A O O I A B A B O C O O
U A L S I D F V T P G A L Z
R S Z E N C O A A E A A B B
A A A I O L A I A R A O R O
R A S R F M U L N Ò M R O E
E N U I O T E E L B E B R R
O C O L A R N O A O U U F A
S R L R A C O E E C P L O N
E A E T A I G G O I P I T O
R T N S U O C T I B E G C U
L O L F T R E N T O T T O S
C A I L G E V S O T S A T R
```

onion	rain
stocking	to count
spring	to treat
to play	mayor
bomb	thirty-eight
yet, but	to help
cauliflower	alarm clock
key	hole
dark	

```
S C F A Z Z U R R O I I L D
R L I U R O E O A F F I L O
R U S C C O R R I D O I O A
L O C R O U G S P A C I Z E
P O H E E O I I S S C N O N
A I I I I E S F U O E I A O
I A E R T E O B R I O O E O
C O T C L R O C C O E R B I
C I T L E T N S R O I I I D
U O O S U I O U I R C O C I
R T T A B C P S A O R R A S
G A P R I M O P O H T L D A
A R O I S A P S V E D E S E
S O E E E A L O O R B I L U
```

to appear	pure
first	Swede
intersection	food
hallway	hanger
pea	awareness
whistle	book
forest	bus
light blue	thread

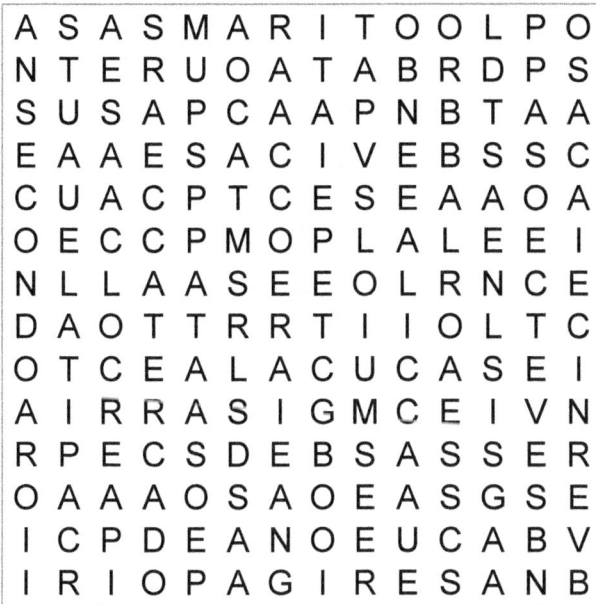

No. 3

```
A S A S M A R I T O O L P O
N T E R U O A T A B R D P S
S U S A P C A A P N B T A A
E A A E S A C I V E B S S C
C U A C P T C E S E A A O A
O E C C P M O P L A L E E I
N L L A A S E E O L R N C E
D A O T T R R T I I O L T C
O T C E A L A C U C A S E I
A I R R A S I G M C E I V N
R P E C S D E B S A S S E R
O A A A O S A O E A S G S E
I C P D E A N O E U C A B V
I R I O P A G I R E S A N B
```

to hope   bird
board   second
goat   storm
to act   husband
past   horn
lip   chance
twelve   to follow
paint   capital

```
T S E V O R A A L I B E R O
E N R E D I D N T A N E T V
S V O R O L O G I O D S N T
E E O M C O S T A O R A C O
R R N N U I E V V A O T Z B
T N E O A C I N F A R I N A
E A A D I T C A O E E U R O
N I C O E Z N A F R I T N R
A N E C O I A A S I D C T O
O T I N H C H T R C N A R L
D E R D T I E C S A E I P S
I R E R N D N A R E U I R N
C O E R E C S O N O C Q S E
A R E T A D T E L O R O F A
```

to finish	entire, whole
free	screw
turkey	flour
watch	ocean
cow	west
coast	station
to ask	acid
to know	forty-nine
master	

No. 5

```
E T S O T T A N T A N O V E
N A O O O A A C C A D E R E
N T A N M D G D N R M V P I
A E N O A B O V R O E A V E
R R T S R E A A I T A R T C
C U V O E A E G N V T G N N
T O A E P E T E A R E N V T
D T R A M I G U A P P R R M
A A M A N R N O N T A E E A
T A A T E N N R A O D O D N
S N M T O O O N O I M D V E
E N E I U R T N C G O O E C
T D T S E O E I T R C M N E
T E P B A C I A R E O A T N
```

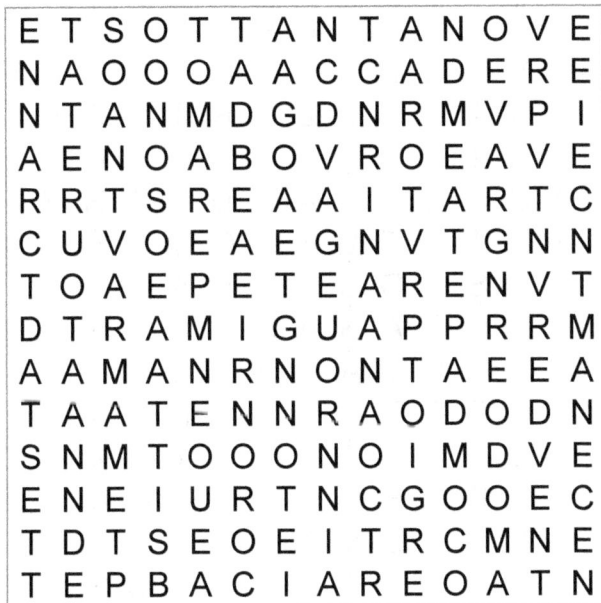

weapon
sound
branch
grandson
serious
detergent
fashion
grandmother
to occur

thirteen
head
pay, wages
to kiss
to live
wheel
much
eighty-nine

No. 6

```
Z T A N P P E R C I Ò R I C
O V T Q L R E F U O R I E T
U R I Q O Z Z E R T T A A O
E A I V O E L E C C A R E E
A G A E A R A U U R A H R R
E I T U T M E C O M T E O A
E U S T O C C V E A I I A I
L S O E A H A R S S E R T L
Ò T P E I A I M A O L L I G
I O S A T C U E P E C M I I
E C I A A O R L O I E A S D
E O R N F O O O A T O O I A
O N O F U V A I T R I N C B
A P T C U M A A E I C R E S
```

true	right
tool	heart
American	to lick
outside	nail file
sample	therefore
response	spoon
classroom	to yawn

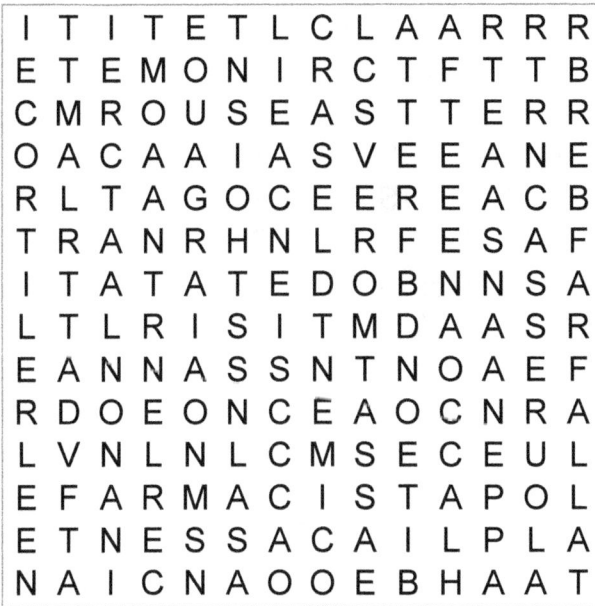

```
I  T  I  T  E  T  L  C  L  A  A  R  R  R
E  T  E  M  O  N  I  R  C  T  F  T  T  B
C  M  R  O  U  S  E  A  S  T  T  E  R  R
O  A  C  A  A  I  A  S  V  E  E  A  N  E
R  L  T  A  G  O  C  E  E  R  E  A  C  B
T  R  A  N  R  H  N  L  R  F  E  S  A  F
I  T  A  T  A  T  E  D  O  B  N  N  S  A
L  T  L  R  I  S  I  T  M  D  A  A  S  R
E  A  N  N  A  S  S  N  T  N  O  A  E  F
R  D  O  E  O  N  C  E  A  O  C  N  R  A
L  V  N  L  N  L  C  M  S  E  C  E  U  L
E  F  A  R  M  A  C  I  S  T  A  P  O  L
E  T  N  E  S  S  A  C  A  I  L  P  L  A
N  A  I  C  N  A  O  O  E  B  H  A  A  T
```

island	absent
enemy	twenty-nine
ferry	butterfly
haste	other
banana	pharmacist
barely	orange
candy	saucepan
playground	sixty
lawnmower	

```
O  D  D  E  R  F  A  O  E  O  L  E  N  I
L  A  N  M  R  M  T  R  R  E  N  U  E  N
O  D  A  T  A  F  A  A  T  O  S  O  O  G
I  L  M  G  E  S  U  T  R  C  E  N  N  O
R  N  E  A  S  R  E  F  I  O  Z  R  A  M
I  A  F  A  D  R  E  R  I  D  L  E  I  U
R  S  P  E  A  R  E  V  F  L  R  R  L  G
U  A  P  E  R  T  E  I  O  R  M  I  A  T
F  R  N  E  B  M  M  R  R  U  S  S  T  O
F  O  R  A  R  E  I  N  S  M  M  S  I  R
S  A  D  D  S  N  L  E  A  O  P  O  N  N
A  N  R  V  E  I  M  L  R  N  A  T  O  A
E  C  L  T  E  I  E  G  O  A  L  P  T  D
S  P  I  A  G  G  I  A  I  M  R  O  O  O
```

film	beach
hand	to move
to pass	cold
Italian	to go out, to exit
frog	every
tornado	letter
mother	March
to cough	nurse
fine	

```
O U O E T I M T P L P A C C
D I C B A C C M N S P C N N
V À O C A C C V R À P C C À
O E A T I M A O A C U R A B
O T L S A D B L N A U D P R
O S A O E P E I Z T O C N E
E C C C C R P R N I O U A G
R E U A O I P A E O N T R R
E G R I E V T R C D N O L I
D L C A N P V À O C Q T A T
R I C M E N T A O S A O C Q
E E R D E N T I F R I C I O
P R A T T Z Z O N I G U C A
F E O P E N O I Z R O P R N
```

lawyer	speed
toothpaste	cousin
child	robe
gentle	to lose
to kill	bill
portion	to choose
sock	surprise
care	

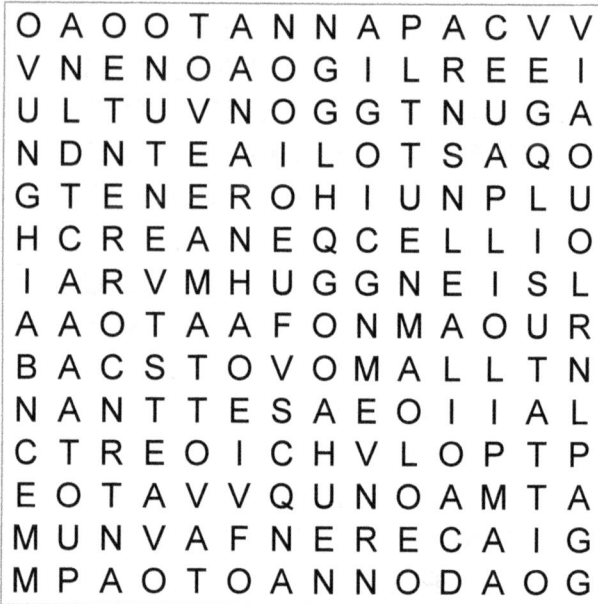

```
O A O O T A N N A P A C V V
V N E N O A O G I L R E E I
U L T U V N O G G T N U G A
N D N T E A I L O T S A Q O
G T E N E R O H I U N P L U
H C R E A N E Q C E L L I O
I A R V M H U G G N E I S L
A A O T A A F O N M A O U R
B A C S T O V O M A L L T N
N A N T T E S A E O I I A L
C T R E O I C H V L O P T P
E O T A V V Q U N O A M T A
M U N V A F N E R E C A I G
M P A O T O A N N O D A O G
```

cloudy	to cry
mad	finger nail
place	camel
twenty-one	hut
crowbar	coffin
stream	to lie
twenty-four	advice
woman	

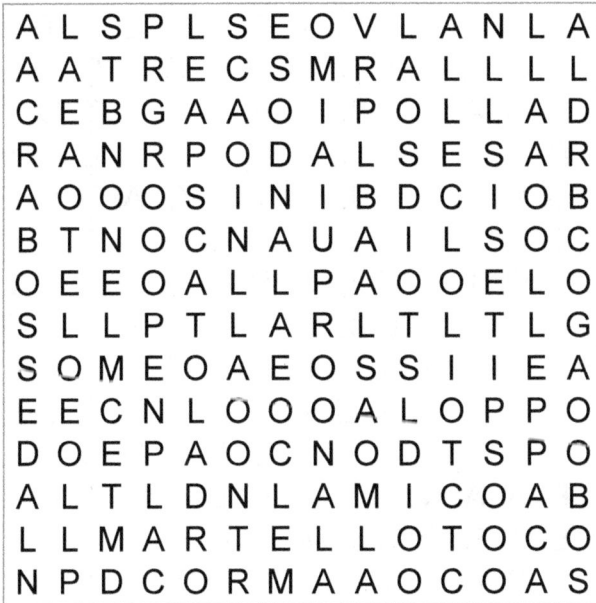

```
A L S P L S E O V L A N L A
A A T R E C S M R A L L L L
C E B G A A O I P O L L A D
R A N R P O D A L S E S A R
A O O O S I N I B D C I O B
B T N O C N A U A I L S O C
O E E O A L L P A O O E L O
S L L P T L A R L T L T L G
S O M E O A E O S S I I E A
E E C N L O O O A L O P P O
D O E P A O C N O D T S P O
A L T L D N L A M I C O A B
L L M A R T E L L O T O C O
N P D C O R M A A O C O A S
```

to leave	hammer
boat	chest
sign, mark	hat
box	soap
cream	oil
now	frying pan
expensive	friend
guest	ridiculous
bolt	

```
R B F P N U A P E L L E T E
I I A A N T R G C G A E O I
I B A A N U O E E D I T D T
R L O O I A P M P I U L T A
D P R A C D L T B C A O E E
I R E I O I N G O I A T O T
F O T P E R L R E T N N P E
E B U C E E T U E S I O I R
N L A A R E N E A C I E E T
D E T R S E A T S R I C L C
E M T I E O F U D L D R O L
R A A N G P C E L N O I D T
E T R O A C A R U N A I P T
S S E S T A S E R A C A R I
```

skin	to say, to tell
drain	pain killer
nice	tonight
politeness	vest
plain	to defend
milk	plumber
kidney	trouble
pepper	pillow

Previous answers: lasciare, barca, segno, scatola, panna, adesso, costoso, ospite, bullone, martello, torace, cappello, sapone, olio, padella, amico, ridicolo

No. 13

```
E R C M V A A C O A E T S A
R E E A S A A T R E I R E A
A I U N R T L E G R A U U T
U E G R E A O A A B L A Ò A
N S N A L A N R R P Z O R E
I E A N A G E A I E A O S O
T N S E T N V O P A R A N O
N A R R E O G A C E E A G T
O V A E Z G N U C N C L E I
C O E D L E C E R L O U I C
M I L I S O E C U P C R O R
A G T R T E I V R R U T T E
S V C S C A L A N R O G C S
E A S A I U A M A I G I P E
```

volcano	to pull
to laugh	young
good	mustard
pajamas	ladder
tall	trunk
blood	army
plum	story, tale
to raise	to continue

```
O T T A N T A Q U A T T R O
A M A R M E L L A T A A R I
R E O A P I R C A N N O G Z
O E C T L T C E O N O A R I
C T S I R E R R N O A O S N
E A S O T E P S O D A E C I
P T T T V I A R O R E E Q A
A E A O O A O T R S R R O S
T R G V I T T E O A R P E A
E R O T E A T P R L A M E E
I S R L R L R E L C O R E C
O M M E R A A N L S R Q O S
O I P Ì D E L O C R E M S E
R C O R A G G I O I C C R P
```

list	eighty-four
beginning	above, over
land	sheep
Wednesday	boss
to adopt	courage
fish	to accept, to admit
to give back	jam
skirt	bed
rainy	

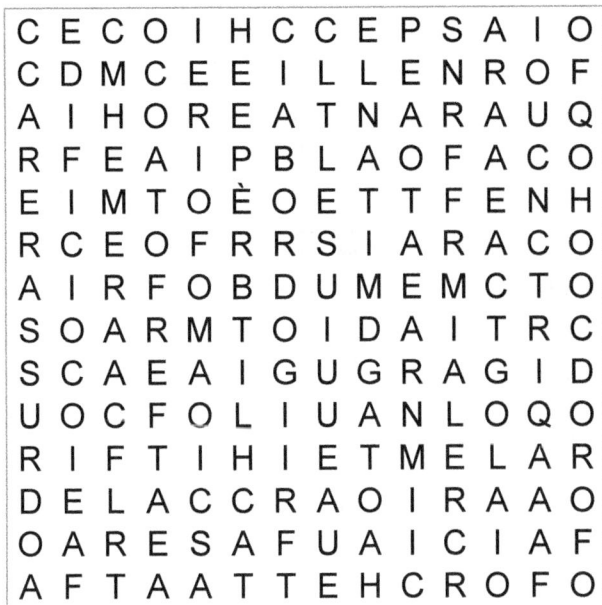

```
C E C O I H C C E P S A I O
C D M C E E I L L E N R O F
A I H O R E A T N A R A U Q
R F E A I P B L A O F A C O
E I M T O È O E T T F E N H
R C E O F R R S I A R A C O
A I R F O B D U M E M C T O
S O A R M T O I D A I T R C
S C A E A I G U G R A G I D
U O C F O L I U A N L O Q O
R I F T I H I E T M E L A R
D E L A C C R A O I R A A O
O A R E S A F U A I C I A F
A F T A A T T E H C R O F O
```

signature	to close
edge	building
high	towel
snoring	mirror
eighty	family
throat	forty
coffee	December
stove	fork

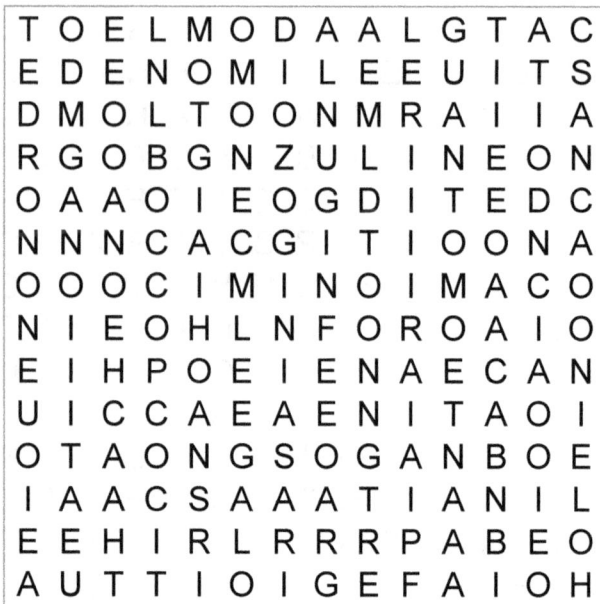

```
T O E L M O D A A L G T A C
E D E N O M I L E E U I T S
D M O L T O O N M R A I I A
R G O B G N Z U L I N E O N
O A A O I E O G D I T E D C
N N N C A C G I T I O O N A
O O O C I M I N O I M A C O
N I E O H L N F O R O A I O
E I H P O E I E N A E C A N
U I C C A E A E N I T A O I
O T A O N G S O G A N B O E
I A A C S A A A T I A N I L
E E H I R L R R R P A B E O
A U T T I O I G E F A I O H
```

cherry	phrase
much, a lot	north
too	crab
lorry	glove
bicycle	to pay
lemon	

```
O C O R I S P O N D E R E E
P F U F N A I R E L A U Q T
R R I P A R A R E O A S O N
E O A L R R I R O R T E M O
U I C I F T G F D E D N A O
D P E C F I C O N T E N T O
A R A E I F N E T C I E C O
T S T T O A U E R O T O I P
N R T R A T E L S C F I O O
A T R O R T R A M T T R T R
T O E S R A I O I I R I D O
T N T M A I T N P R N I T C
E T R T I P A E A I E E N O
S E R T O A T A D E O I F O
```

seventy-two	date
rock	chips
happy	tape measure
harbour	history
blind	to fix, to repair
photographer	lightning
what, which	to answer
window	eight

```
V S T V A C I O T O L A P E
E O L R E I F U I A P V E N
C R O N N A L E O P L R R O
O R I E E A I D S E O A A O
S F F V G O A O E N A L C U
R E L O O P A O A S T O E S
I A B P P S U R S A O O L G
S E S E P E I E I R R A L F
O T N P I O R V L E O E O A
P A S M N A L E V O F E N L
I V E D E R E F O A A O S O
T S A V R O I G E A M I A A
E O T S E R P S A E E C T A
O I Z A P S V E R C S L I Z
```

lake	bowl
to think	notice
just	rice
traffic lights	month
frost	soon
space	end
stairs	to see

```
N E U Q N I C A T N A V O N
O M O L S C O P A O E V O T
V E A N A R N E E E C E O C
A V O L O I M I T E T C O I
N O A C T C P A E R S S C C
T N C E A C A T O R S A A S
O A O C F O R F S O I C O E
T T A M R O O U O S C N R O
T N S L E N L T E I E E E F
O A C A A N A L A I V R L V
A S N I T L T T A E A T U O
A S P E E S O C C T S I C L
A E O G R R O I O O P R E N
L S S N E R R C O T L E O O
```

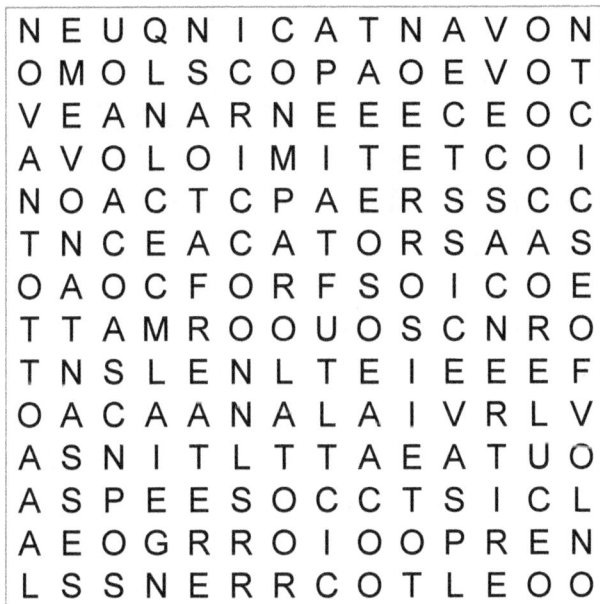

to receive   light
ninety-eight   crowd
to come, arrive   broom
word   bone
hunter   ninety-five
rich   name
piano   mild
sixty-nine   icecream
shore

```
O S C T R N N T U R I M O I
I T N E G O Z I O V L A R T
O C O E S A I S A A E R E I
E A C O R G O L R I C M H L
R M R F T A I G G P E P N P
A M I A E G R I U I O C R O
I I S S I V L U S I N O O E
C N I A O R E N C A F O L A
C A S I R I I A R U A O C T
A R A A O G N U M I T A U I
C E R E E T T O R G C C I I
T T E L A T L A T T U G A Z
A V T R E S C A P P A R E G
R S E V M I L E A E S R A O
```

to look after	to walk
crisis	perfume
rabbit	shop
to hunt	together
suitcase	lettuce
to escape	to sing
van	

No. 21

```
E I P E N A R T S E N I M I
P N R I A S V O O N V A F O
O V Z A A V T R O O R A R S
R E E S P N U A T F C A A A
F S G A A B O I C C I I A A
A T U P M R T E I R R A R T
R I G A R S A A U E T U A T
M G T O E D A G D O D Z E G
A A O V G G N N L R Z O S R
C T N P O A A I E A I N E I
O O A P L V P V A I F O L E
C R V A A S N A E J R R G R
D E O L B V O S L O P P N A
Z U C C H E R O F O H S I I
```

pilot	detective
rule	cup
drum	soup
jeans	watermelon
plan	wrist
drug	vegetable
laundry	English
sugar	dress
face	

```
T E T T O O A E N O E S A R
O P O S T A A S T C O R O N
R T O O L A R C L T L S A O
A T T E O E T C S O S T E M
T R S E T O E E T A T R O A
S O E E O R P T R E I D P E
L M N O V A A E E T N S U R
S A O E R R T L U O L A L E
L N L A E A L N M P A R M C
P L T O M C R A O L O T M S
O O C C T A R L A P R E S E
S E E L T L P T R I P O E R
O P A S A O O A T A T A P C
L A S S A I R A C O L L O I
```

apart, separate	mail
art	to sneeze
mattress	to grow, increase
honest	sea
world	very
potato	octopus
side	neck
roof	brain
to fight, to combat	

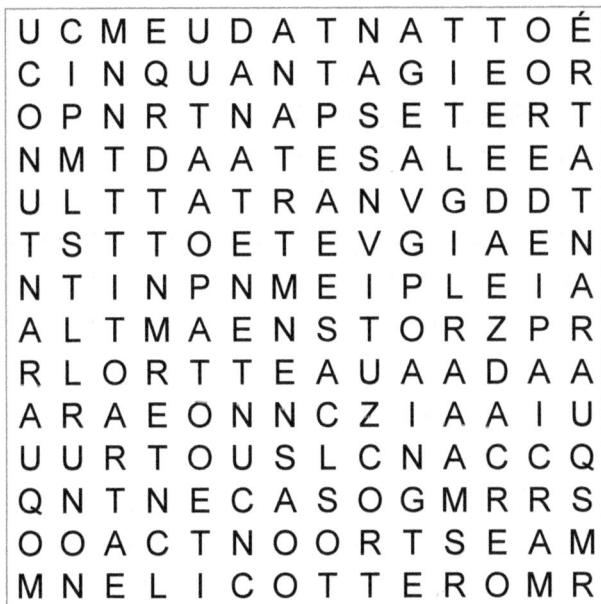

```
U C M E U D A T N A T T O É
C I N Q U A N T A G I E O R
O P N R T N A P S E T E R T
N M T D A A T E S A L E E A
U L T T A T R A N V G D D T
T S T T O E T E V G I A E N
N T I N P N M E I P L E I A
A L T M A E N S T O R Z P R
R L O R T T E A U A A D A A
A R A E O N N C Z I A A I U
U U R T O U S L C N A C C Q
Q N T N E C A S O G M R R S
O O A C T N O O R T S E A M
M N E L I C O T T E R O M R
```

eternal	bra
thirst	forty-one
school	to break
helicopter	footpath
forty-six	to lift
eighty-two	teacher
thigh	twenty-eight
forty-three	fifty

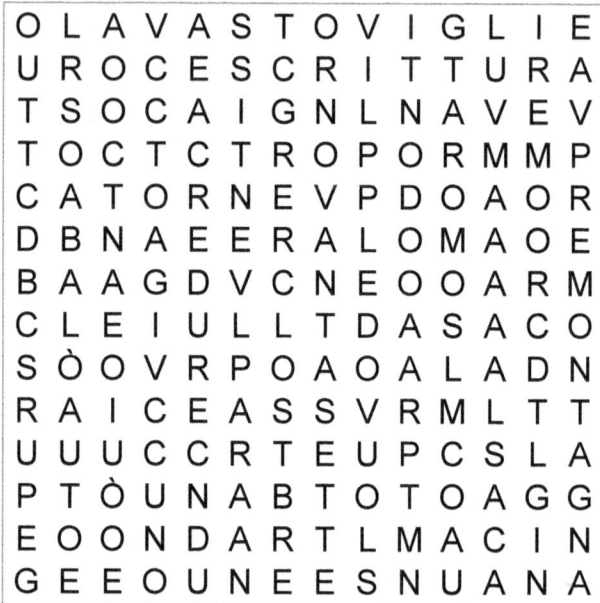

```
O L A V A S T O V I G L I E
U R O C E S C R I T T U R A
T S O C A I G N L N A V E V
T O C T C T R O P O R M M P
C A T O R N E V P D O A O R
D B N A E E R A L O M A O E
B A A G D V C N E O O A R M
C L E I U L L T D A S A C O
S Ò O V R P O A O A L A D N
R A I C E A S S V R M L T T
U U U C C R T E U P C S L A
P T Ò U N A B T O T O A G G
E O O N D A R T L M A C I N
G E E O U N E E S N U A N A
```

certain	ninety-seven
cliff	to shout
brief	dishwasher
knot	air
sponge	mountain
writing	this
field	car
twenty	soldier
to block	

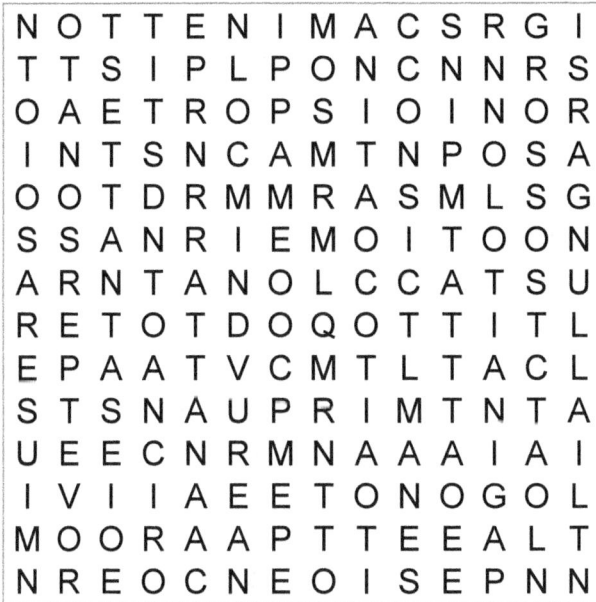

```
N O T T E N I M A C S R G I
T T S I P L P O N C N N R S
O A E T R O P S I O I N O R
I N T S N C A M T N P O S A
O O T D R M M R A S M L S G
S S A N R I E M O I T O O N
A R N T A N O L C C A T S U
R E T O T D O Q O T T I T L
E P A A T V C M T L T A C L
S T S N A U P R I M T N T A
U E E C N R M N A A A I A I
I V I I A E E T O N O G O L
M O O R A A P T T E E A L T
N R E O C N E O I S E P N N
```

line	monkey
page	sport
thirty-six	mute
to stretch	fireplace
tomorrow	to buy
fat	razor
pen	cabbage
person	seventy-six

```
I E T D À T E D L S O N S U
C T I U V D C O N S U E T O
A A A Z E I U A N R S D N S
N Z E I A V B À E S O I A Z
I N O R S R O C A N E T C A
P A E T A A G N N C U N Q P
S L O U T L T E N T I A U O
A U A A E A R N M A I V A A
N B R S T N N A A R I A E N
A M M R N D O T P F O C T A
L A É S A C U R U O E N I S
L N S I I E F R D N A V E D
O I D T L N R S S A O O O A
C O N S A R I O N A P T L D
```

sixty-three	necklace
ambulance	fantasy
nineteen	usual
glider	huge, enormous
to speak	water
ahead	eighty-one
thanks	spinach
age	where
lord	

```
M O E M O E D E S E R T O L
S T O R E I N N R G C S E N
C T N A O C R T A I R S T T
R O I D R T C A R R I I C E
I T R L I E T A L A N L I I
V N A E C Z I U N E R M M O
E A M G A A I T R I M E A I
R U O B A G N O S R C T M L
E Q T I A N I C N A E O I G
N N T E I T G O E A T T L A
M I O E T R S G L L R T N N
C C S O O E N E I I L I L I
L E M R M E R T F F E O O I
C E N A O R S P V I C I N O
```

mechanic	desert
submarine	keyboard
light switch	fifty-eight
bathroom	dictionary
priest	garlic
nearby	apple
party	to write
file	gate
to enter	

```
A  B  R  E  V  E  T  S  I  E  O  D  O  I
C  H  O  N  O  A  A  O  C  R  P  S  C  O
H  I  N  S  D  O  T  H  O  D  S  E  É  I
I  S  T  L  I  A  I  V  C  E  C  R  I  D
R  A  R  L  M  R  A  R  P  A  T  R  R  E
U  P  I  H  U  L  A  S  R  A  U  P  O  N
R  S  R  R  A  D  A  R  T  S  E  A  V  U
G  R  G  B  E  V  O  N  I  R  S  Z  A  L
O  I  O  É  N  T  A  R  A  E  R  N  R  E
A  R  A  A  T  V  T  A  E  V  N  E  B  R
M  G  S  S  O  V  D  A  S  S  O  D  O  S
T  O  V  N  A  V  D  I  B  A  E  E  C  R
V  O  I  R  E  D  I  S  E  D  A  R  B  R
C  A  S  T  E  L  L  O  R  S  A  C  R  N
```

damp	nose
surgery	castle
street	cart
pear	Monday
desire	work, job
ninety-three	surgeon
capable	thick
drums	cupboard
short	

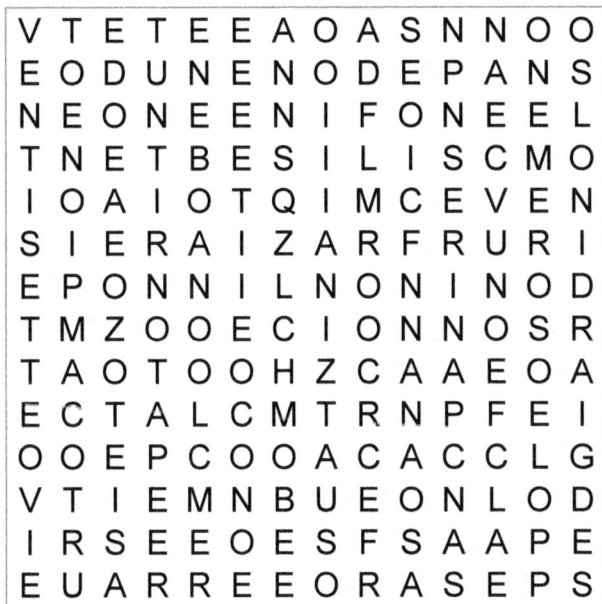

V	T	E	T	E	E	A	O	A	S	N	N	O	O
E	O	D	U	N	E	N	O	D	E	P	A	N	S
N	E	O	N	E	E	N	I	F	O	N	E	E	L
T	N	E	T	B	E	S	I	L	I	S	C	M	O
I	O	A	I	O	T	Q	I	M	C	E	V	E	N
S	I	E	R	A	I	Z	A	R	F	R	U	R	I
E	P	O	N	N	I	L	N	O	N	I	N	O	D
T	M	Z	O	O	E	C	I	O	N	N	O	S	R
T	A	O	T	O	O	H	Z	C	A	A	E	O	A
E	C	T	A	L	C	M	T	R	N	P	F	E	I
O	O	E	P	C	O	O	A	C	A	C	C	L	G
V	T	I	E	M	N	B	U	E	O	N	L	O	D
I	R	S	E	E	O	E	S	F	S	A	A	P	E
E	U	A	R	R	E	E	O	R	A	S	E	P	S

well, good	champion
country	to hit, strike
less	snow
fire	bucket
twenty-seven	thin
animal	policeman
sleep	garden
distance	Arabian

No. 30

```
P R L C I M O O S S O R G A
B O A R V E O T C O R O L S
O R M C C I P E T E R C O L
O R T O T E C O A E A C R A
R L A L D O L I N O L H I S
A L I O I O A H N P T I O A
Z P C G C B R S U O I O I E
N C F D A S R O A U M C N E
E C A I S L N O L F N O R O
D A C O S S U R E A I A A O
E R C C F U A H L G T I L O
R T I O G A E I I T R B P S
C A A A O G B R O L N O O C
A D E Ù I P P L O V L O O H
```

face	sauce
scales	nearby
yearly	eye
bed	book
Russian	fat
prison	to fight, to combat
cupboard	more, most
tomato	expensive

No. 31

```
N O O T E R A O C A D N I S
O L T A D R T R A S I E E T
P E A I I B O A O I C R T T
S R P I E T T T C R I C O I
O O N T E T A R O S E C E O
R T N A E O V R S M U E N A
S A A D D D N O R R E A M M
T L N O I A T O A E P I L R
I E N F E N R R B A T I A A
V G T R T R E I R E F A E E
T N R R A O A T E A N I I N
I O O D A T I V V A Z R I T
E C A A T O T T E N I B A G
O D I S T A N Z A B O E O A
```

short	revenge
land	life
freezer	movie
mild	toilet
tornado	to cough
to treat	mayor
diet	drill
motor	toad
distance	

```
E A A A A I O N R E T E F E
N E S N V L P A A E A O V R
C R N E N A R E R B R S A R
R A E I R U N R M L R S D R
C E L T D A A T F O A A A A
A A I Z A N N L I C A P E A
O R V E O O A A E C E I C R
E A C O R N A R N A R R R N
O O O A L A C R G R E D L V
O N E O T F R I C E R R N R
R D O G T I I A N L A T T E
R A O T N O C O P I P C F T
E L T O R C I A R M A T E O
E N A C C O I N A E I C S T
```

shorts	torch
to block	to learn
to leave, depart	milk
to look, seem	annual
cauliflower	step
eternal	earth
ahead	wave
bill	evening
hail	

C	E	E	R	A	P	U	C	C	O	E	R	P	O
L	N	A	E	E	T	R	E	O	C	O	P	E	V
S	O	A	N	V	C	P	E	R	E	I	R	A	E
T	I	C	O	E	D	L	I	M	A	T	E	O	S
O	H	O	S	R	T	U	A	C	A	T	T	L	T
S	C	N	R	A	O	V	A	I	A	T	E	H	O
M	R	T	E	T	A	M	P	S	O	N	M	S	O
N	E	A	P	N	I	C	T	S	E	C	E	T	T
O	C	B	T	O	A	O	T	P	A	D	R	N	O
E	I	I	N	P	I	A	F	R	E	T	T	A	P
A	R	L	O	N	P	C	O	R	R	A	A	O	O
E	P	E	T	A	I	I	E	T	T	N	R	A	C
T	O	R	N	R	N	M	N	T	A	T	R	S	A
N	C	E	A	H	L	A	E	P	O	N	C	N	E

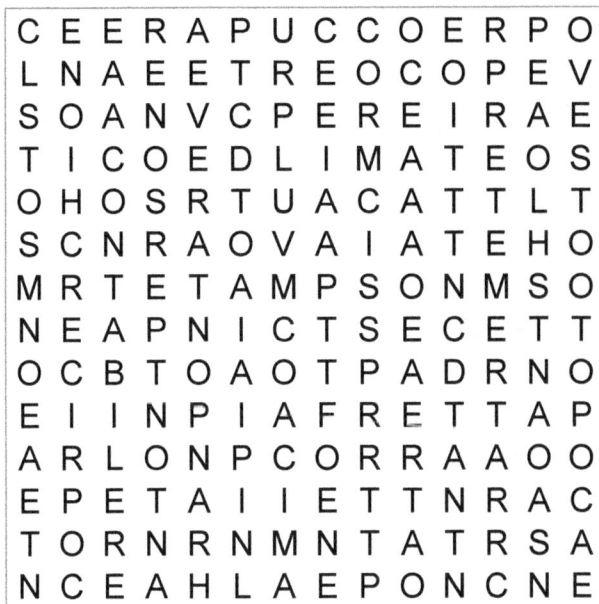

accountant	lorry
harbour	priest
people, persons	sky
key	west
haste	bottom
toaster	to worry
file	forward
head	friend
hubcap	

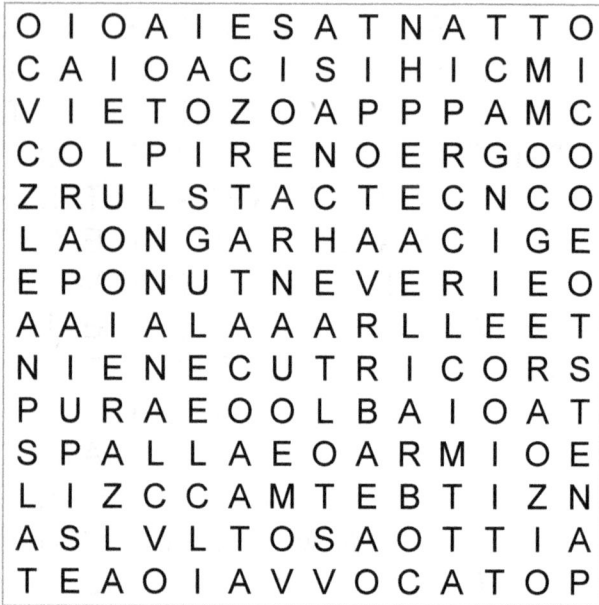

```
O I O A I E S A T N A T T O
C A I O A C I S I H I C M I
V I E T O Z O A P P P A M C
C O L P I R E N O E R G O O
Z R U L S T A C T E C N C O
L A O N G A R H A A C I G E
E P O N U T N E V E R I E O
A A I A L A A A R L L E E T
N I E N E C U T R I C O R S
P U R A E O O L B A I O A T
S P A L L A E O A R M I O E
L I Z C C A M T E B T I Z N
A S L V L T O S A O T T I A
T E A O I A V V O C A T O P
```

to count	spider
twenty-one	kind
classroom	to hit, strike
too	sea
serious	eighty-six
lawyer	police
trumpet	to lift
shoulder	furniture
concert	

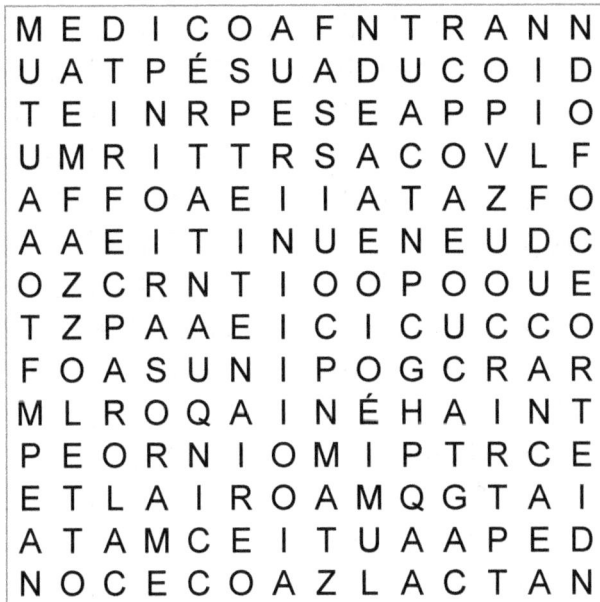

```
M E D I C O A F N T R A N N
U A T P É S U A D U C O I D
T E I N R P E S E A P P I O
U M R I T T R S A C O V L F
A F F O A E I I A T A Z F O
A A E I T I N U E N E U D C
O Z C R N T I O O P O O U E
T Z P A A E I C I C U C C O
F O A S U N I P O G C R A R
M L R O Q A I N É H A I N T
P E O R N I O M I P T R C E
E T L A I R O A M Q G T A I
A T A M C E I T U A A P E D
N O C E C O A Z L A C T A N
```

fire	word
fifty-three	sofa
cliff	doctor
country	to walk
painter	behind
tissue	thin
spoon	stocking
pink	granddaughter
reason	

```
M I C A L L E R O S E R E C
R S U E U P E R E I I S I R
I O I D A R R N P A L T I E
C R T I N E O E M L T E S R
A A I A A A S R N A R E N I
R P C N A N O C F D D C S C
R E I E E E I N O N E R E A
O R D I A P I M A C E R A M
E O N H A E I L A V S I E E
O L U C T P O S O L R O D R
I H R S L A N U E O E E B I
M C S S I N M O M L E O E E
S L C E T E A E T A L F A R
O T R E C S M E O N A O E E
```

indeed, in fact	certain
back	memory
animal	waiter
cart	Dutchman
to take	sister
mustard	pea
wood	radio
eleven	to move
already	

```
E S R A S T R A D A A R A E
E E T R O M R T Q A N I L A
T S R I D E R E F B N A S A
R A S R N D B R A O I R E A
I I E A D S I Z L C E O L A
O R A P P C N A E S O C A B
Q O O S A A T P U E N E I T
B T D N T N S D R Q E P A A
E S O S A O I A A R C M M M
P T E P A R I L T Q I A T O
I E A C I D A E E A C C O B
A A T T U T E M P O R A L E
S C T T S E O A R R E I S O
T O S A E E O T A S S A P O
```

African	history
pig	right
board	mouth
storm	room
special	street
to laugh	to study
summer	sheep
past	pants
water	

```
E O T T A N T O T T O E D T
U E O E R E D I C C U C U E
R P A I L L E N R O F T R E
C A M B I A R E M F M A O C
B O D T F P C O B E N E A A
O R D P V E C E A E T P N C
A T O N T U R T P P P R E C
C E N T O E U P O E D R O I
S S O E R C A I T Z O T P A
N E O R M R E I M U R V C T
U E O N O I T S C N O A O O
S C E Z N O V N E E L O M R
S O Z L A O E A C E I O E E
B O M I S S O R P A F E Z S
```

second	thread
stove	March
tape measure	next
hunter	to flow
sleep	to change
eighty-eight	barely
appetite	hard
to kill	floor
heart	

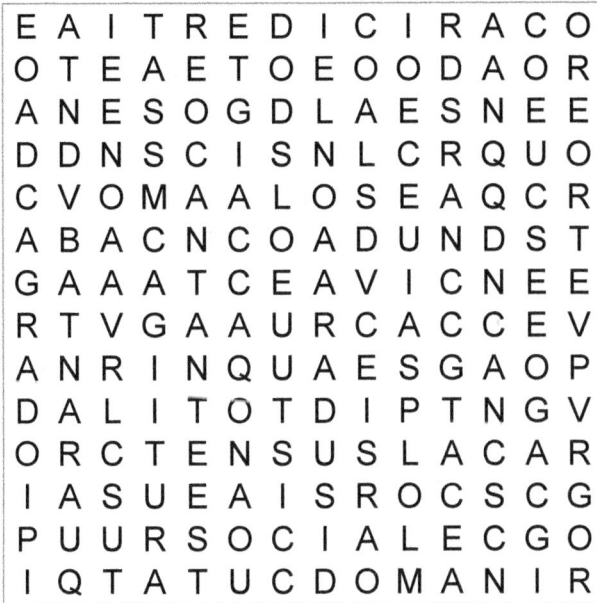

```
E A I T R E D I C I R A C O
O T E A E T O E O O D A O R
A N E S O G D L A E S N E E
D D N S C I S N L C R Q U O
C V O M A A L O S E A Q C R
A B A C N C O A D U N D S T
G A A A T C E A V I C N E E
R T V G A A U R C A C C E V
A N R I N Q U A E S G A O P
D A L I T O T D I P T N G V
O R C T E N S U S L A C A R
I A S U E A I S R O C S C G
P U U R S O C I A L E C G O
I Q T A T U C D O M A N I R
```

singer	tail
to know	ward
thirteen	notebook
thirty-five	tomorrow
social	paintbrush
bath	glass
jacket	blackboard
juice	forty
degree	

Previous answers: secondo, fornelli, metro, cacciatore, sonno, ottantotto, appetito, uccidere, cuore, filo, marzo, prossimo, scorrere, cambiare, appena, duro, pavimento

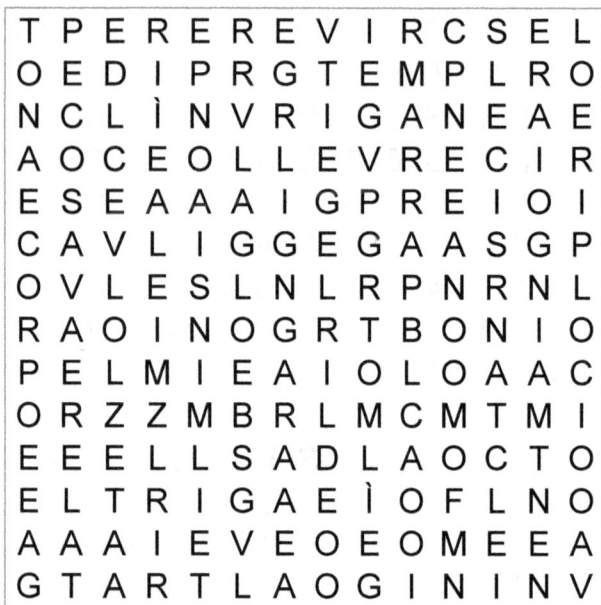

```
T P E R E R E V I R C S E L
O E D I P R G T E M P L R O
N C L Ì N V R I G A N E A E
A O C E O L L E V R E C I R
E S E A A A I G P R E I O I
C A V L I G G E G A A S G P
O V L E S L N L R P N R N L
R A O I N O G R T B O N I O
P E L M I E A I O L O A A C
O R Z Z M B R L M C M T M I
E E E L L S A D L A O C T O
E L T R I G A E Ì O F L N O
A A A I E V E O E O M E E A
G T A R T L A O G I N I N V
```

cream	spring
brain	to write
gift, present	October
ruler	to hit
family	ball
ocean	thing
Friday	lesson
to swallow	

No. 41

```
C A N T A R E T C R E A R E
R I L R I R I I N O A R D A
O L I D A T M A N S I C I A
A O M T P R B A T S N E O I
P E O N O V O U O D R O B T
L P N N L O U C E E L S A O
T E E I M A D C T E C L B I
O C T I I A T E C A L R A L
E L T T V E P L L E P S A G
O L I A E I E P R M L P L A
U C N F R R E D R O E L O O
R T P C U L A I S E T R O C
I R I L L E L R T M N E L R
G S T O C I C G P S C A L A
```

wire	garlic
edge	bird
weapon	to create
egg	plug
chisel	stairs
courtesy	last
in front	to sing
lemon	to repeat
letter	

```
E O E A L G C E O C Z T A I
U L O O R I I Z A I R B R E
L E T A C N Z C S A L N O S
A T N L C A C R S A E V R A
R D O I G I A P O D T L E T
E N N A A Z O M M I U A B N
E T R V L R O U R O O V I A
A B I A T T L T E N I E L S
I T I O R R O O F O G L D S
E A G U T T A L O U O L T E
I L N O C C E T M B L O O S
A N O P E C R I E O O G O I
U P R Z U S A S I A R C E A
I G O L E O R O A I O B A T
```

pregnant	to get up
lettuce	still
boy	light
mute	sixty-six
screwdriver	transport
sink	free
great	cyclone
good	watch

Previous answers: filo, bordo, arma, uovo, scalpello, cortesia, davanti, limone, lettera, aglio, uccello, creare, tappo, scala, ultimo, cantare, ripetere

No. 43

```
E E A A E T E O Ò E V O N I
R E U Q N I C A T N A T T O
C F A Ò U R C O I T N R I N
L V O C E O R L E E Ò T E E
T T I C R E A A N R R F A V
R R T R V E L O C I E E T E
N F E E R L I A V R P E C R
V R R E U Z M O T R E E O E
E A C N N E E A N S E I F V
Q S A I V O V I T O I C R E
L E C O N R U S R T U V Q C
A E E I T È F F A C O T I I
R E O O N P F C O S C I A R
E T N E I P I C E R T T N M
```

cereal	thigh
container	fence
nothing	coffee
yet, but	mad
thunder	to receive
sentence	true
magazine	nine
eighty-five	to run
deer	

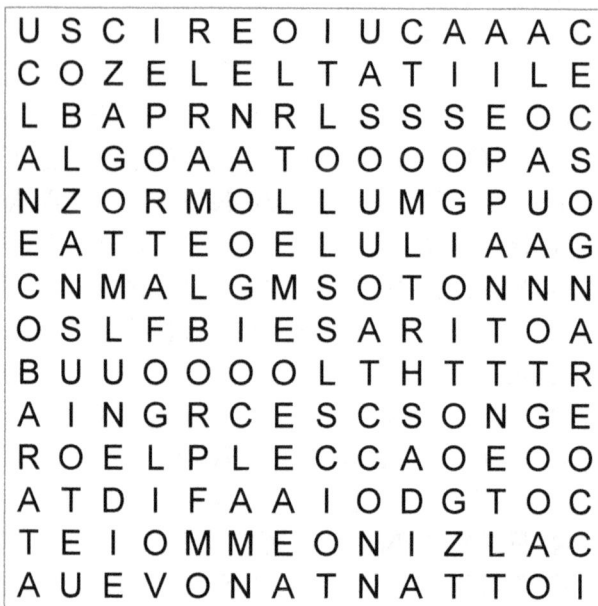

```
U S C I R E O I U C A A A C
C O Z E L E L T A T I I L E
L B A P R N R L S S S E O C
A L G O A A T O O O P A S
N Z O R M O L L U M G P U O
E A T T E O E L U L I A A G
C N M A L G M S O T O N N N
O S L F B I E S A R I T O A
B U U O O O O L T H T T T R
A I N G R C E S C S O N G E
R O E L P L E C C A O E O O
A T D I F A A I O D G T O C
T E I O M M E O N I Z L A C
A U E V O N A T N A T T O I
```

high	museum
wallet	sock
capital	car
to dream	trouble
teacher	to control
Arabian	Monday
August	jealousy
to go out, to exit	eighty-nine

```
C M E L L E P A U O M O D O
A T A L L E M R A M R E C O
E R O R L L T E A I V L L E
N A M E L O R I C O R A L E
I I I I A E I O N C R E V S
T M R R T E R A I O O L D C
T T G O S D T A E L O A T O
E A U I A N A A L O O N A Z
P C T R A C L A S L O O E Z
S I E R I L V P E O O S S E
A O A M O A L I D E A R S S
E U R P C P O O O D O E A E
Q O I M F A O M A L O P L R
F C O A R S I D I T O S C D
```

forty-nine
comb
ant
Scot, Scotsman
yellow
staff
onion
finger
to remember

class
door
jam
horse
idea
honey
way
to shake

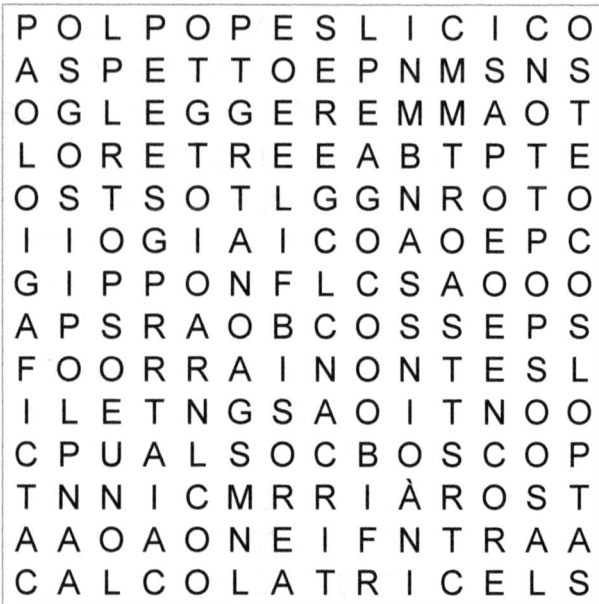

```
P O L P O P E S L I C I C O
A S P E T T O E P N M S N S
O G L E G G E R E M M A O T
L O R E T R E E A B T P T E
O S T S O T L G G N R O T O
I I O G I A I C O A O E P C
G I P P O N F L C S A O O O
A P S R A O B C O S S E P S
F O O R R A I N O N T E S L
I L E T N G S A O I T N O O
C P U A L S O C B O S C O P
T N N I C M R R I À R O S T
A A O A O N E I F N T R A A
C A L C O L A T R I C E L S
```

wrist	you
luck	to read
often	eyebrow
to suppose, to assume	octopus
bean	guest
far	hay
calculator	banana
age	appearance
forest	

```
C A C S L A N A P M A C O P
T S B R C O R R I D O I O O
E R A E L A Z N E I C S O C
A O N B R A A E R E N E T C
B E I A B A A O N E I P G A
O Z A E R I I A S B I O D S
I I C E A E A C R S E C O T
I E A P N S I P C R O N T E
P B P R T O O D E A I A O L
E O U T B N T G N B C B B L
T T E S T B N M M A T R O O
T R A E T A E O T O B P A I
O N S T I A T F A A I F M C
E I R P S O L L E T R A C B
```

bone	sign
full	drain
to hunt	to hold
breast	envelope
February	awareness
hallway	to cry
bridge	bell
castle	sand
flag	

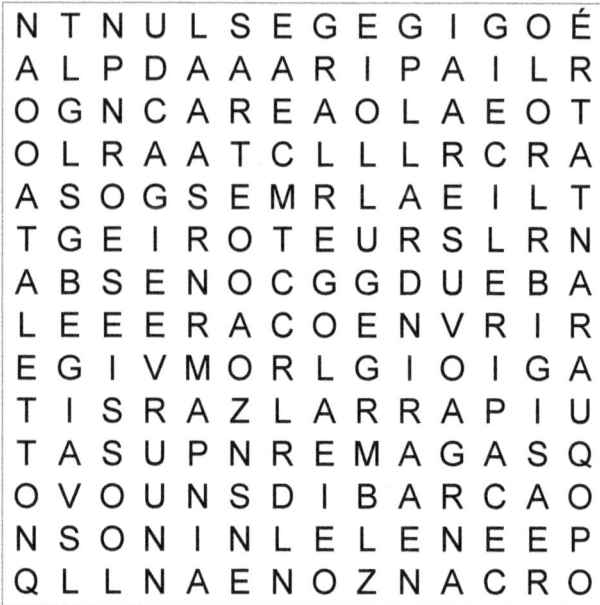

No. 48

```
N T N U L S E G E G I G O É
A L P D A A A R I P A I L R
O G N C A R E A O L A E O T
O L R A A T C L L L R C R A
A S O G S E M R L A E I L T
T G E I R O T E U R S L R N
A B S E N O C G G D U E B A
L E E E R A C O E N V R I R
E G I V M O R L G I O I G A
T I S R A Z L A R R A P I U
T A S U P N R E M A G A S Q
O V O U N S D I B A R C A O
N S O N I N L E L E N E E P
Q L L N A E N O Z N A C R O
```

drinks	lung
rule	song
to stretch	Greek
boat	new
to exist	garage
night	forty-three
to lie	butcher
to stand up	to understand

Previous answers: osso, pieno, cacciare, petto, febbraio, corridoio, ponte, castello, bandiera, cartello, tombino, tenere, busta, coscienza, piangere, campana, sabbia

```
D T A A Z N I P O T C A O A
I N A E R E D E R C C A V O
A E A I S A T N A F A A T L
E V O N I T N E V A I R E O
R C A E N A A T E D N R B C
E G V E O T E G I O A I R I
O N H T A R T C I U E V V T
M T R I A T I B N O O O N R
E E V T A O S I A N N T C A
L D O E T C T I P I I E I H
O U T T E N C S V T A N N T
N E O O O I V I V E N O I T
E O I C R R I C O L V T O V
N I N E R O T A L I T N E V
```

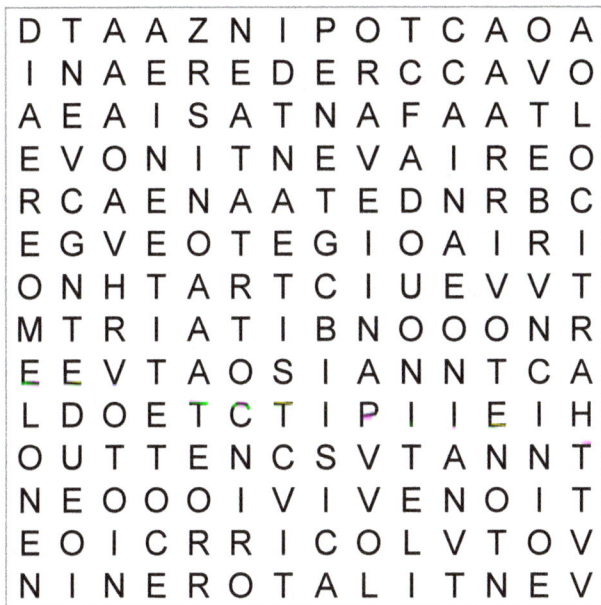

fancy	to swim
ice	to believe
arrival	bay
to continue	pliers
twenty-nine	bull
eighteen	cable
fan	season
view, sight	article
melon	

```
A Z Z O R R A C A D L I E I
N O V A N T A C A N I I S I
T I E B N I R U R N I E N E
E N S I Q U A L E M Q C L A
R S Q C N N C P Z R E N U R
A I C I E E T O T I E O E C
G E O U Q T A T N O N T O C
A M O T I A N N E G L E O L
P E E E T I C E C V U A C P
I S O L A E N I I H E I L I
D C O G E O P C N N E I G E
S S I D D S T S A Q N R Z I
I O A O L A B O I E U C I L
A A A I C N A R A R Q E E L
```

June	bicycle
what, which	respect
nothing, anything	island
carriage	knot
to be able to	ninety
together	kitchen
line	orange
to pay	five
also	

No. 51

```
S F A P A A A A A N T T A B
R C P A L O A D R I L I A N
S T E U A L A Q Z A C O N A
M E P I E A S R R C B C A P
L C G E F T A R O Q C I T R
A A S U R F C D O R A C T E
V P M H I B A A A R O A A S
C A T P T R M B D A V C C E
O N L N A C E E À L A C C N
R N A Z A D L C C A R A O Z
E A Z P T F A A P I B P H A
N A A O I R A I D N D L T O
T C C U A À T I R U C S O T
E B A E O G R U R I H C E G
```

cup   capable
capable   darkness
whiskers   shower
dear   pole
coffin   lamp
attack   presence
to follow   December
shed   surgeon

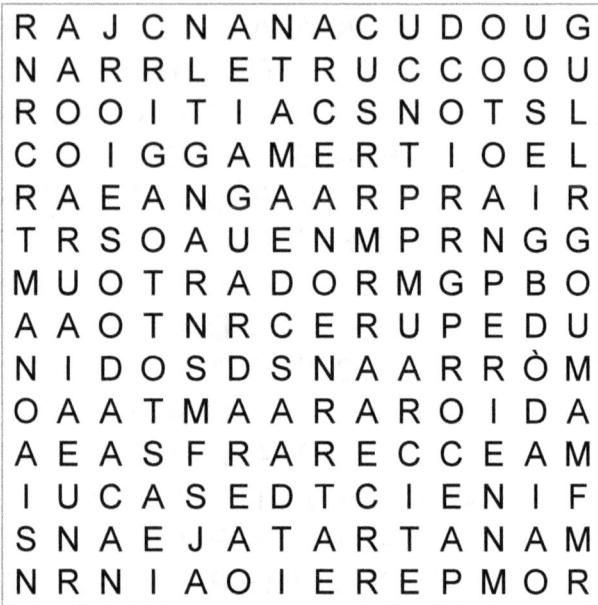

R	A	J	C	N	A	N	A	C	U	D	O	U	G
N	A	R	R	L	E	T	R	U	C	C	O	O	U
R	O	O	I	T	I	A	C	S	N	O	T	S	L
C	O	I	G	G	A	M	E	R	T	I	O	E	L
R	A	E	A	N	G	A	A	R	P	R	A	I	R
T	R	S	O	A	U	E	N	M	P	R	N	G	G
M	U	O	T	R	A	D	O	R	M	G	P	B	O
A	A	O	T	N	R	C	E	R	U	P	E	D	U
N	I	D	O	S	D	S	N	A	A	R	Ò	M	
O	A	A	T	M	A	A	R	A	R	O	I	D	A
A	E	A	S	F	R	A	R	E	C	C	E	A	M
I	U	C	A	S	E	D	T	C	I	E	N	I	F
S	N	A	E	J	A	T	A	R	T	A	N	A	M
N	R	N	I	A	O	I	E	R	E	P	M	O	R

duck

task

eight

cap

May

surprise

to break

very

to look

agreement

make-up

weather

jeans

tongue

hand

this

end

```
E  I  G  E  I  R  M  O  N  T  A  G  N  A
D  R  N  V  O  R  E  A  T  E  R  O  I  N
E  P  E  T  G  U  A  N  C  I  A  N  O  T
A  E  O  D  E  M  I  A  N  M  O  R  R  G
C  C  A  N  A  R  U  G  Z  I  A  E  U  I
A  A  A  V  E  C  O  E  C  L  N  O  O  N
M  R  E  T  I  R  C  H  D  O  L  O  P  O
I  R  E  T  V  T  I  A  E  O  T  N  E  C
L  I  N  C  E  E  E  B  P  D  E  I  I  C
C  O  E  D  D  R  N  O  I  D  O  M  I  H
O  L  L  E  I  A  P  I  D  P  L  A  I  I
T  A  R  M  E  H  M  N  R  C  A  C  M  O
D  E  C  L  O  I  U  B  E  E  A  O  R  O
I  I  A  D  I  P  N  V  I  M  N  A  E  E
```

people	train
cheek	knee
to happen	to ask
dark	chimney
net	grapevine
wheelbarrow	climate
to come, arrive	entire, whole
mountain	

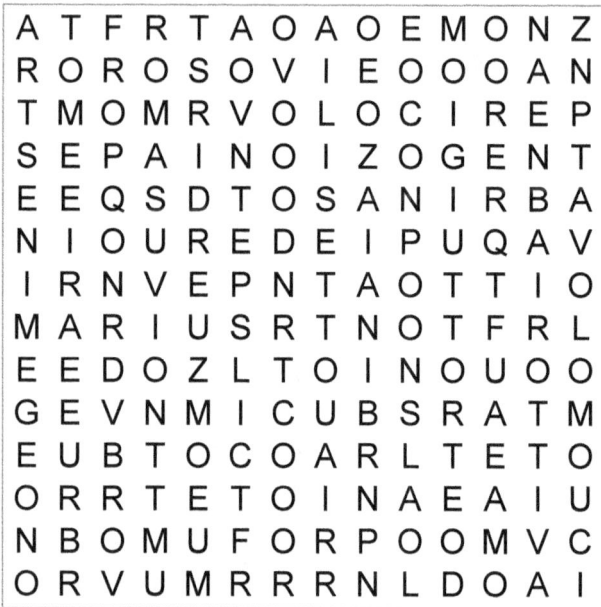

```
A  T  F  R  T  A  O  A  O  E  M  O  N  Z
R  O  R  O  S  O  V  I  E  O  O  O  A  N
T  M  O  M  R  V  O  L  O  C  I  R  E  P
S  E  P  A  I  N  O  I  Z  O  G  E  N  T
E  E  Q  S  D  T  O  S  A  N  I  R  B  A
N  I  O  U  R  E  D  E  I  P  U  Q  A  V
I  R  N  V  E  P  N  T  A  O  T  T  I  O
M  A  R  I  U  S  R  T  N  O  T  F  R  L
E  E  D  O  Z  L  T  O  I  N  O  U  O  O
G  E  V  N  M  I  C  U  B  S  R  A  T  M
E  U  B  T  O  C  O  A  R  L  T  E  T  O
O  R  R  T  E  T  O  I  N  A  E  A  I  U
N  B  O  M  U  F  O  R  P  O  O  M  V  C
O  R  V  U  M  R  R  R  N  L  D  O  A  I
```

oven	notice
soup	victory
problem	roundabout
foot	perfume
volcano	beginning
shop	table
police-station	dentist
frost	danger

```
E  I  F  I  N  E  S  T  R  I  N  O  E  T
O  P  I  A  N  O  F  O  R  T  E  A  L  E
N  S  N  O  L  E  L  T  L  C  T  N  I  L
B  L  O  I  P  R  L  L  A  T  D  N  T  I
G  O  U  L  T  O  O  S  E  V  O  E  R  B
I  I  R  E  O  N  L  O  U  P  T  T  O  O
C  R  N  S  N  V  R  L  Q  B  P  N  C  M
T  D  Z  E  E  T  U  T  I  E  O  A  A  M
A  U  B  U  T  T  G  N  N  C  T  T  C  I
B  E  I  A  C  F  T  C  A  A  E  I  U  C
A  N  U  L  R  C  U  A  O  T  I  L  S  A
A  Q  O  T  S  B  A  C  U  O  C  O  A  G
A  L  L  E  T  A  I  L  G  A  T  U  Q  Q
F  O  P  V  G  A  C  C  E  T  T  A  R  E
```

handbag	pumpkin
window	piano
four	bus
noodle	to accept, to admit
hat	thumb
motionless	antenna
curtain	cloudy
chef	playground

No. 56

A	M	R	L	E	E	E	O	S	E	U	O	I	A
S	E	O	E	L	I	S	N	R	E	S	D	T	E
I	Ì	A	S	P	O	L	N	O	O	I	N	E	T
O	O	I	M	P	I	E	G	O	R	E	E	R	M
R	R	S	I	B	L	Q	A	O	R	D	T	F	A
N	A	R	N	A	G	A	U	T	I	I	A	A	R
A	A	R	G	F	P	F	R	E	S	L	N	P	T
E	R	O	U	F	A	O	A	I	S	E	E	O	E
N	O	M	E	I	R	E	R	A	T	S	M	E	D
I	T	V	O	A	T	A	S	T	D	S	I	R	Ì
E	S	F	C	I	G	N	O	P	A	E	Q	S	T
E	T	E	F	E	E	A	P	N	A	R	S	E	O
T	R	R	E	A	T	T	U	A	F	E	E	S	R
I	R	T	R	T	S	L	I	V	E	L	L	A	O

master	job
name	lake
to bring	moustache
swan	thirty
out	Tuesday
to be	rest
now	level

```
U O D U N A O A N A G O O A
R D O R R A D L N F U D R A
E E G P O R C A O O E E E E
A A A S E B E O B G C P N C
D C E R I M S R R R N I A I
P E F C O O T A N I E A T E
R I T R C I O R E L R A S E
B L A E E H C O S A A A I R
O S E N R D N O S I C N N A
E N O C U G D R R H I T A C
I O G U C R E O R C D O I R
C R A U R A A N A C N A P E
E S R I P E R E T O I I R C
F I D U C I A E A E I P A I
```

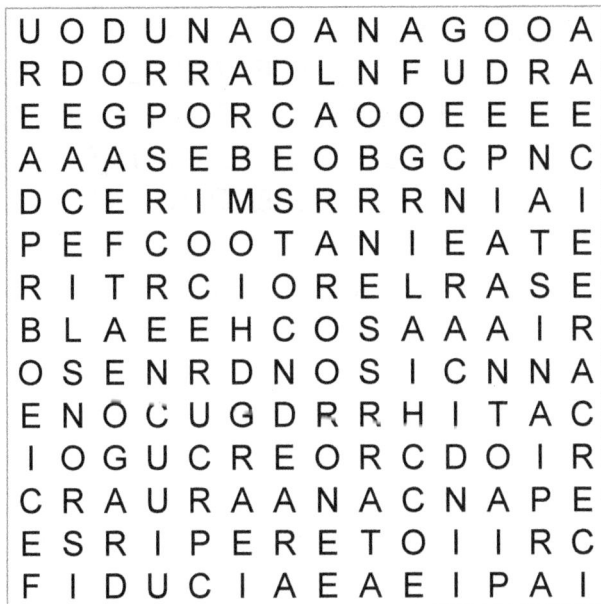

shadow
fist
faith
goat
glasses
intersection
pianist
cold
to look for

plain
naked
corner
to point
to lick
black
detergent
basket

Previous answers: padrone, nome, portare, cigno, fuori, essere, adesso, impiego, lago, baffi, trenta, martedì, riposo, livella

```
G D S O O U I T S A P S A A
L I B N O R I B T I L E R C
O C A U E S A N C I A T U O
R I D A L G A C D N T T B S
E N I E N T O E O S I A I T
C Q G O T L V R P A R N N A
C U L O O O E A N U D T E A
H A I E I N G G D I S A T L
I N A G E N U R A E I T T G
N T R U O R E T N O G R O E
O O E L I V B É N N T É A R
T T O A A N U A E E A T O I
L T T N E T N T P A R E O N
C O G A G I G N E I E T O O
```

watermelon	vegetable
earring	fifty-eight
Thursday	bathroom
seventy-three	tap
Spaniard	eighty
coast	pen
thirty-one	little
to yawn	Algerian

```
O O V A L I G I A I F A G A
E R E N G E G N I A N T A E
V E S T I T O E Z T A S R A
R A D A R O O Z T I E I P A
Z A Z E R C O I I N T L R M
O I G R S L A S P O E T E N
E I I G E I G L L M I S G N
R O G T I G D D C S E C S T
E R T G R U D E T I T S A A
C O I S A A N A R T A E E B
S E V A N R R G I I I R E S
E L E S D N O A E T O O E S
R A L L O F O C O R C I C S
C A S P E T T A R E E I I N
```

to reach out	dress
engineer	absent
artist	crowd
to grow, increase	to kick
handkerchief	suitcase
ship	example
kiss	to wait for
list	courage
wish	

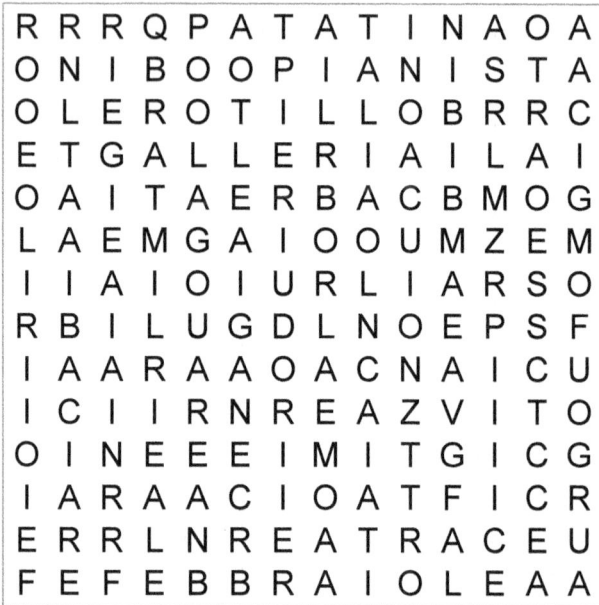

No. 60

```
R R R Q P A T A T I N A O A
O N I B O O P I A N I S T A
O L E R O T I L L O B R R C
E T G A L L E R I A I L A I
O A I T A E R B A C B M O G
L A E M G A I O O U M Z E M
I I A I O I U R L I A R S O
R B I L U G D L N O E P S F
I A A R A A O A C N A I C U
I C I I R N R E A Z V I T O
O I N E E E I M I T G I C G
I A R A A C I O A T F I C R
E R R L N R E A T R A C E U
F E F E B B R A I O L E A A
```

face	to remember
lake	paper
bolt	elbow
to kiss	pianist
to walk	space
February	tunnel
blind	to remain
kettle	chips

```
V S U D O Z E C A S A N A R
E S O O O T I C F D O E R O
N S M L O S A S T R A U P M
T Q I C N O O S F P S Q F A
I C S I D E D T S I C N A S
C R S U L I A O S A M I N C
I E O M E O G E S O P C T E
N C R I R G A S R O C A A L
Q A P T I C E B I E C T S L
U N E O D R O M I E D N I A
E I R A U R E R A T R E A R
D N N O S N S T E C O R S D
O O L O O I D M N S I T I I
S A S E N O I Z N I C E R S
```

behind	jaw
next	saucepan
dress	candy
fence	lounge room
bear	fantasy
home	expensive
bottom	twenty-five
thirty-five	less
past	

No. 62

```
P E V O L O T C E I S R S E
R T L I R E E R V C T A E P
L T O A T A E L E C E I A L
S E E A E T E G A N R O N A
A P T S T R L E A T G E G I
E S E E S I G V T M O A A E
E A M C E E O I G O A T V T
S I P R I I P L P L P V A N
E M E T G A I T R T N I L E
A M R V Ò A L E E O A I N R
S I S L A I S E T R O C G R
S C O L C E R V E L L O A O
R S N P E R C I Ò E A I A C
A L E G R A N C H I O E N E
```

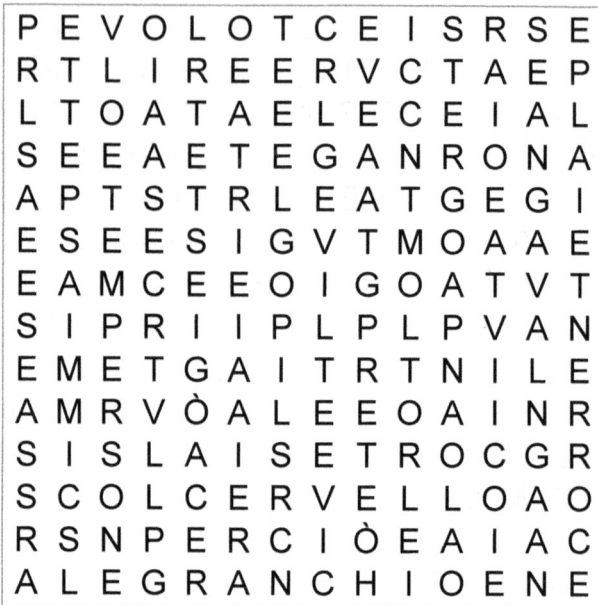

to put	special
monkey	blackboard
niece or nephew	total
politeness	crab
to choose	real
brain	stream
summer	young
therefore	people, persons

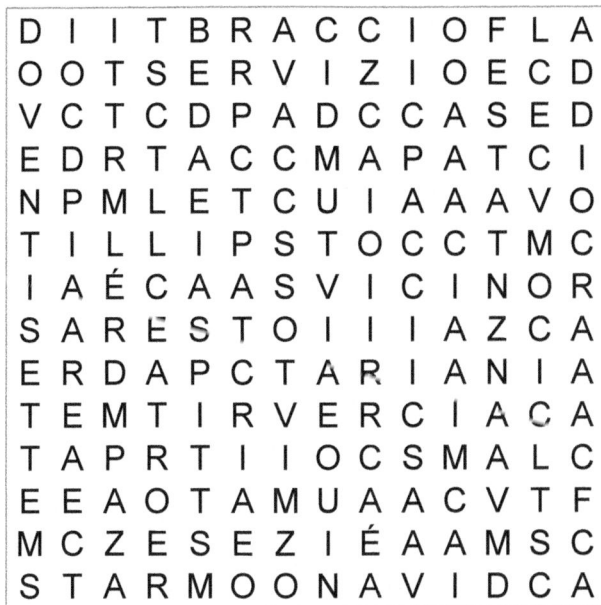

```
D I I T B R A C C I O F L A
O O T S E R V I Z I O E C D
V C T C D P A D C C A S E D
E D R T A C C M A P A T C I
N P M L E T C U I A A A V O
T I L L I P S T O C C T M C
I A É C A A S V I C I N O R
S A R E S T O I I I A Z C A
E R D A P C T A R I A N I A
T E M T I R V E R C I A C A
T A P R T I I O C S M A L C
E E A O T A M U A A C V T F
M C Z E S E Z I É A A M S C
S T A R M O O N A V I D C A
```

respect	screwdriver
near	arm
drain	cause
farewell	service
friendship	memory
father	twenty-seven
pumpkin	ball
sofa	party

```
I A O A B E U L E A S R O M
I E L A U N N A O A O O T N
V O R A N L C C T C R D A G
E S L L U L T T L E A C E T
E O D T I E T A N R A R A N
R P I R I N C E A V A G L A
A M T I N S G I A R L E I T
D A O N O A A L E I E B N R
R C O N E N L P A F E N E A
A A S R E O S R B L I O A C
U E T I E O E N L R E C I D
G E O R A B R O M N L A E E
E U T N L F I A N C O T A E
N A L C P T B L O C L I N E
```

free	vice
field	fine
to hope	to look
finger	horse
horn	side
line	to cut
black	annual

```
P B I A O A A O A N V C E I
T A O S R I E T V A T T L R
T C B C R C T A T E T I T T
E R E A R C T E A E S V A O
E A L E S O C R S O E T A N
R N F V N B A A T N S A V A
P I R M O L T R T E R R T M
N O M A L N A B P E N R A A
C A L U A P R M Q U Q I R G
L B N T A U E E A A T V E U
O A T N R T S S D C S O T I
S E O A O O I R R R S S T C
S A N N E M N A N L P E Q S
I N F A T T I A V O R P P A
```

to seem, look like	drip
west	storm
arrival	towel
seventy-seven	drill
skull	proof, evidence
peach	air
bowl	indeed, in fact
armchair	nothing

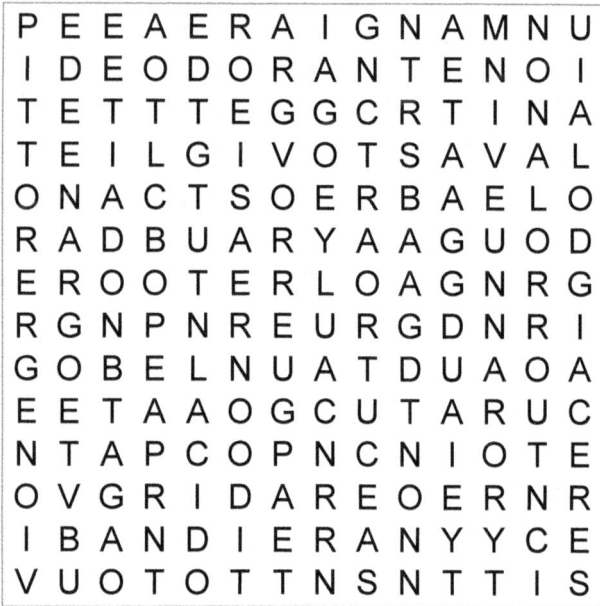

```
P E E A E R A I G N A M N U
I D E O D O R A N T E N O I
T E T T T E G G C R T I N A
T E I L G I V O T S A V A L
O N A C T S O E R B A E L O
R A D B U A R Y A A G U O D
E R O O T E R L O A G N R G
R G N P N R E U R G D N R I
G O B E L N U A T D U A O A
E E T A A O G C U T A R U C
N T A P C O P N C N I O T E
O V G R I D A R E O E R N R
I B A N D I E R A N Y Y C E
V U O T O T T N S N T T I S
```

octopus

dishwasher

yoghurt

empty

whale

to scream

writing

deodorant

garage

painter

make-up

to eat

spider

to lie

to obtain

flag

sound

Previous answers: sembrare, ovest, arrivo, settantasette, cranio, pesca, boccia, poltrona, flebo, tempesta, asciugamano, trapano, prova, aria, infatti, nulla

```
E R E I P M O P E E R R S T
E E P O I E N T R A R E R R
E R O E U B R A V O L I H H
R E A A N T O R O C R A G A
R I N R M N T R T R R P E A
G H Q U A R A N T A T R É O
E C A E D E P R E S N A S O
G C V O T I A O N T E P I D
A I A E O R C A I P E A E O
T B R G R I O O B D I S M I
A E G A M N M M A O E M T H
E I G A G E I L G R E G A C
A O C S T A E C T R S E E A
P A R T I R E O E O Q G I O
```

to act	forty-three
glass	desert
teacher	capable
toilet	death
rain	to enter
nail	friend
pen	to leave, depart
fireman	hospital
paint	

Previous answers: polpo, lavastoviglie, yogurt, vuoto, balena, gridare, scrittura, deodorante, garage, pittore, trucco, mangiare, ragno, giacere, ottenere, bandiera, suono

```
A A R G E N T O N E A E T O
O Q O T T E H G A R T R E D
T E I T R R B R Z T E A A O
I S R R C E N Q O N T I D A
A I O E T O E N T A B O O N
U R R N G T S A L B M I T T
H R E R E N Q T E E Z O S T
T I R Z N U I N A O D H O O
N D G Q A U C P G R R O I N
A N B T O C S E S S E I G U
O N T S S N N T B I T C I N
E R R A I U T A R E R E T G
O L L E P P A C P A P I A O
E D T O N D A A R T E D A A
```

fog	to push
silver	everyone, each
nothing, anything	to cost
to help	wave
thirty-four	night
ten	art
way	shop
hat	ferry

Previous answers: agire, bicchiere, maestro, gabinetto, pioggia, chiodo, penna, pompiere, vernice, quarantatré, deserto, bravo, morte, entrare, amico, partire, ospedale

```
Q M M N Q C M C E R V O E E
E U E A T A T O A E N T N R
N T C S T H L T D A N M S O
A E H T D L E I P A O C U S
V T O M E N F R T M H E N N
E D C T O I O N E I O E U E
A O R L C M A N E E N T L C
L A C I E C T N C M A A E S
M I O S N O A L U N E D I A
C E S M T T N C E S E U T I
N A Q T O U T E S I N A A S
A R U P E C A P E L L I A E
E E A B E N Z I N A C S E M
A A I L E I A U T T N E T P
```

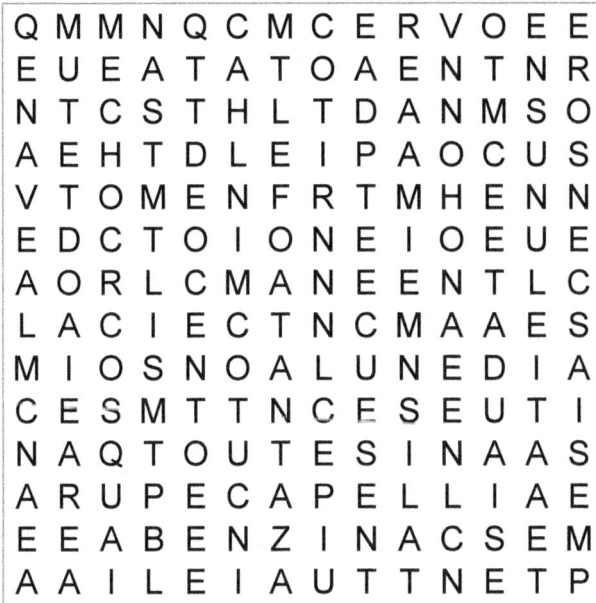

one hundred	hair
singer	hammer
Monday	ship
promise	mad
elevator	deer
moment	back
cliff	petrol
cyclone	building

```
A A A D M I B I C O A A I A
R P P E A E R C M S L E I A
O R O A A I D P C O D M O A
I O M T R I O I I M R S T I
R F R O T R A R C I I T P T
E U A M T E R E C I O E A E
D M E A V A N C R R N T L N
I O R I C I O I G I D A T E
S E R R R I I A B C S S L R
E E R A V I R R A U O S D E
D R E S C E A C N A R A O R
E R B M E C I D D E A O I T
A G I A M A R I N A I O D A
S R E N O I G A T S E R M D
```

to bring	season
perfume	medicine
honey	sailor
to arrive	rich
wheelbarrow	hip
to hold	axe
to cough	desire
December	cave
tap	

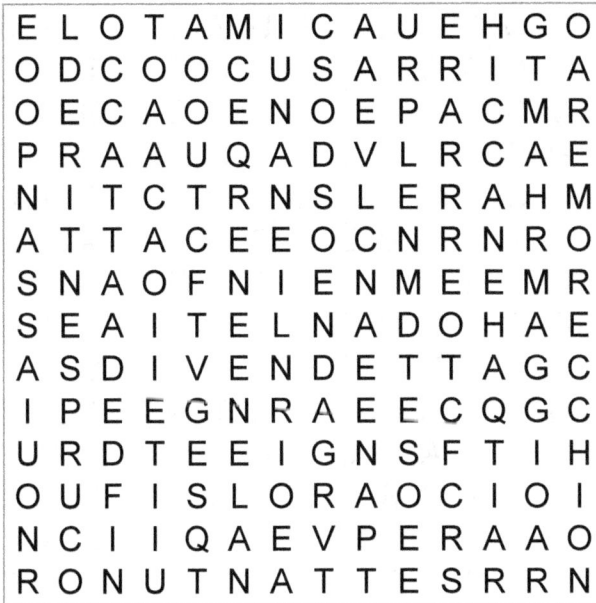

```
E L O T A M I C A U E H G O
O D C O O C U S A R R I T A
O E C A O E N O E P A C M R
P R A A U Q A D V L R C A E
N I T C T R N S L E R A H M
A T T A C E E O C N R N R O
S N A O F N I E N M E E M R
S E A I T E L N A D O H A E
A S D I V E N D E T T A G C
I P E E G N R A E E C Q G C
U R D T E E I G N S F T I H
O U F I S L O R A O C I O I
N C I I Q A E V P E R A A O
R O N U T N A T T E S R R N
```

yellow	to feel
revenge	mother
path	very
attack	to defend
to move	ear
seventy-one	bathtub
goat	May

```
S O O T O R R U Z Z A R P S
T C D C L I A S P E T T O D
E S A I V I À O V C R O S T
R R A L A I A S S A A D T T
E O E B A R O R O I O A A U
À I B D B D E O T A V A N O
C T E C I I I R T R O V S N
O R I E C C A A A A B V A O
T T I R T I C R N O D M A O
N O M C U R I U T N V I I Z
A G L A I C I P A O R D O S
U O I R R D S O S A A P A U
G R F E T A O O E R O O R T
O C O T S R O D I S S A D O
```

to look for	glove
radio	sand
eighty-six	light blue
darkness	stairs
film	mail
to kill	to hate
appearance	thunder
notice	twelve

```
O O A A A P O L M O N E E R
Q I N I T N O R N M A Z E N
O O I A O N A E C O T O B E
L A B A I R U G N A A I S E
E M A S E L P A T D D O O B
F O R T U N A N O N R N Q I
O A R I E E O T S R I U R S
I N B R M V N O I H A E P C
S O C A E E C D C N G A D O
R B A M M I E C D O G E V T
H A B I A R E O L I I S O T
E R V L E R R A N R A I N O
E A E N O O I A H A T O R E
P E N B A T T E R I A T U B
```

social	biscuit
lung	rule
floor	exam
fortune	to smile
earring	ocean
date	page
Italian	watermelon
battery	when
November	

```
U  C  I  O  E  T  N  E  I  P  I  C  E  R
N  S  O  R  D  M  U  C  C  A  T  O  B  A
E  S  A  M  R  N  U  R  E  N  N  T  Z  C
R  T  A  O  P  I  O  T  D  U  E  N  E  M
E  R  B  A  C  R  R  F  T  A  A  A  U  C
C  N  R  I  E  O  E  N  O  L  M  T  S  E
S  P  A  O  N  R  A  S  U  R  O  S  E  T
O  I  B  C  A  T  A  B  S  T  P  N  D  R
N  A  O  N  T  T  M  I  I  O  B  O  I  E
O  N  P  O  D  A  A  O  D  R  R  C  C  D
C  O  O  E  E  N  S  A  E  U  O  E  I  I
S  N  D  A  N  T  P  C  D  A  T  A  T  C
O  I  E  A  D  E  O  N  A  M  M  S  A  I
P  C  P  Ì  D  E  T  R  A  M  P  C  A  S
```

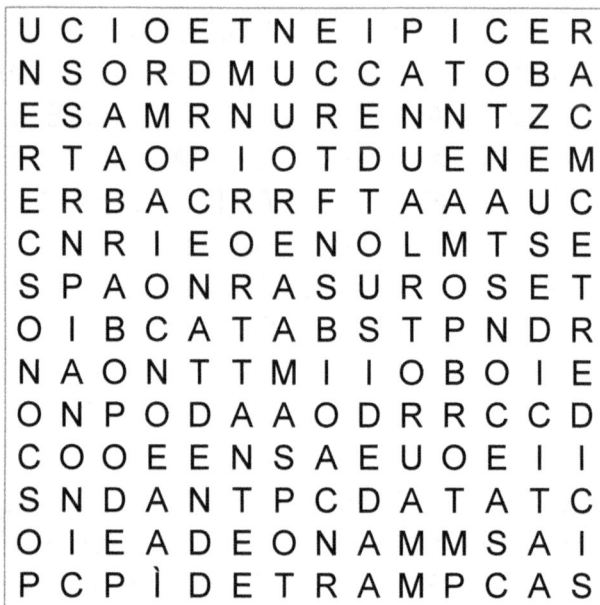

cream	air pump
Tuesday	plan
ambulance	mute
aftershave	thirteen
eighty-one	to study
to know	container
deep	trunk
sixteen	cow

Previous answers: sociale, polmone, pavimento, fortuna, orecchino, data, italiano, batteria, novembre, biscotto, regola, esame, sorridere, oceano, pagina, anguria, quando

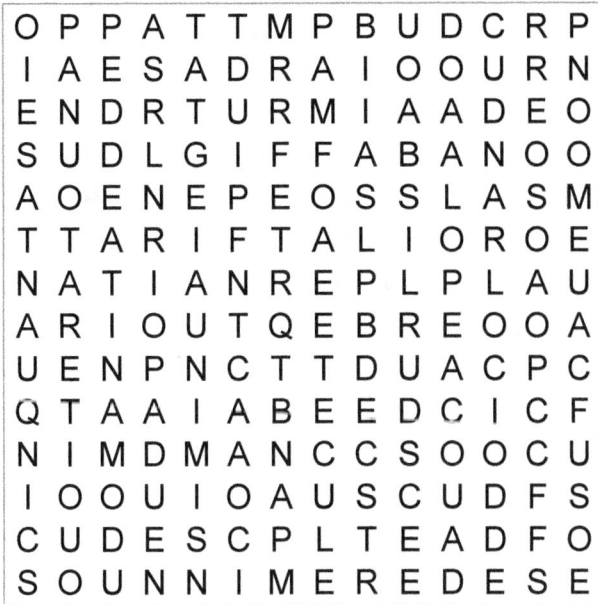

O	P	P	A	T	T	M	P	B	U	D	C	R	P
I	A	E	S	A	D	R	A	I	O	O	U	R	N
E	N	D	R	T	U	R	M	I	A	A	D	E	O
S	U	D	L	G	I	F	F	A	B	A	N	O	O
A	O	E	N	E	P	E	O	S	S	L	A	S	M
T	T	A	R	I	F	T	A	L	I	O	R	O	E
N	A	T	I	A	N	R	E	P	L	P	L	A	U
A	R	I	O	U	T	Q	E	B	R	E	O	O	A
U	E	N	P	N	C	T	T	D	U	A	C	P	C
Q	T	A	A	I	A	B	E	E	D	C	I	C	F
N	I	M	D	M	A	N	C	C	S	O	O	C	U
I	O	O	U	I	O	A	U	S	C	U	D	F	S
C	U	D	E	S	C	P	L	T	E	A	D	F	O
S	O	U	N	N	I	M	E	R	E	D	E	S	E

plum	moustache
light	hole
alone	to sit
tomorrow	cold
bird	fifty-six
bay	scarf
fashion	plug
to swim	to accept, to admit
dot	

```
E C P P E R I D I C O L O Z
R N G S A A N V A S I S E A
Z R A R M R M D P I A R S O
E E O I E M C A R A A A L A
P L T L Z C A H O G R A O B
M I R A E I O I E S E O V E
G B O V Z O L I A G I P L C
O O P O R O P O G L G V M A
P M S R I S A O P O E I V V
I O R O L A S C I A R E O A
E T E B L A C I N E M O D A
E U O I A N N E G P L O O I
A A Z Z O R R A C D E O S R
E O R S E N A P E I R M O E
```

ridiculous	Greek
word	mustard
work, job	police
oil	car
Sunday	pig
car park	to leave
carriage	advice
to explain	sport
January	

```
A T S O C S S A O L D A S A
S C A L P E L L O I Z T T E
R S I V N V C R C V O T O R
O R N A E A C I P M E U E O
N N E A N N A O A R G E R L
I T E Z E S T C F G R A C O
A O O L S J O I A R N L T C
O N Z E A I R E D N A V A L
E D T E F B E N A E F O R I
R T I S S A O A R A S O O C
E B I A O E N C C À I G B O
C E S S P I E I R C A A C E
L F S D R A L L A A L U N A
N A R B A E G I A R D I N O
```

haste	chisel
already	stomach
twenty	shore
laundry	jeans
rainbow	garden
color	frost
easy	moon
above, over	song
seventeen	

Previous answers: ridicolo, parola, lavoro, olio, domenica, parcheggio, carrozza, spiegare, gennaio, greco, senape, polizia, automobile, maiale, lasciare, avviso, sport

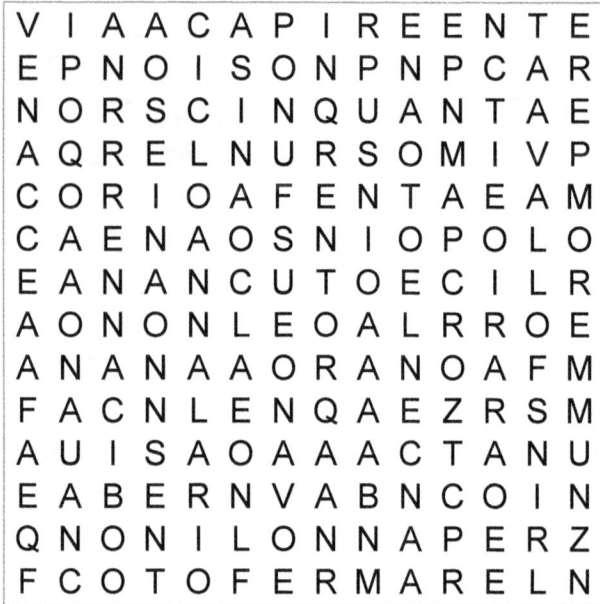

```
V I A A C A P I R E E N T E
E P N O I S O N P N P C A R
N O R S C I N Q U A N T A E
A Q R E L N U R S O M I V P
C O R I O A F E N T A E A M
C A E N A O S N I O P O L O
E A N A N C U T O E C I L R
A O N O N L E O A L R R O E
A N A N A A O R A N O A F M
F A C N L E N Q A E Z R S M
A U I S A O A A A C T A N U
E A B E R N V A B N C O I N
Q N O N I L O N N A P E R Z
F C O T O F E R M A R E L N
```

pupil	grandfather
to stop	vein
banana	ward
fifty	to understand
room	to use
to break	food
to lick	canoe
crowd	nappy

```
E R E L I C O T T E R O A O
O M C R R N O A R E A I S U
R A E E I E M A L S R R O R
R E E L S O R U D O O R R N
N C E U O E E L T L I S S I
E N M C E N A S L T O P O A
M S A U E I E E L S O M E P
S O O Z S O N A A N I I S E
S S R U N A P T M O H C E R
O B P S R E S S I N C O M S
U T I S E I S L A U C N P O
C O S R V T E E P I E G I N
S O A I R O T L R M P E O A
N N R P S A S O O P S R T L
```

presence	beer
dinner	mirror
magazine	ring
person	mouse
museum	clamp
hard	helicopter
history	melon
example	kingdom

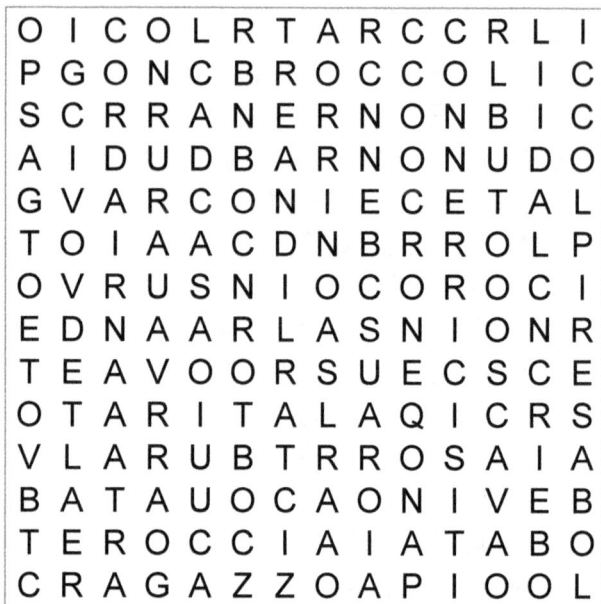

No. 80

```
O I C O L R T A R C C R L I
P G O N C B R O C C O L I C
S C R R A N E R N O N B I C
A I D U D B A R N O N U D O
G V A R C O N I E C E T A L
T O I A A C D N B R R O L P
O V R U S N I O C O R O C I
E D N A A R L A S N I O N R
T E A V O O R S U E C S C E
O T A R I T A L A Q I C R S
V L A R U B T R R O S A I A
B A T A U O C A O N I V E B
T E R O C C I A I A T A B O
C R A G A Z Z O A P I O O L
```

plate	hanger
wine	broccoli
low	sink
naked	to hit, strike
to flow	white
boy	pink
care	cucumber
rope	rock

```
Z L A L N C E R A S U C C A
O Z E E E O T S E N O S U N
P E R S O N A L E N R F P O
I D N O O E Z V U A N I E V
M U I N E G N U N D O D T A
C E M Z A E G B O R C U S N
A O C A I T I I A L O C N T
O L R C R O G L I R O I M A
N i B A A Z N T I I E A A S
O M C R G N O A S B E L S E
P S O R O G I G R O O S L I
I C S E C O I C R I G M O A
I O R A N E D O O R O N N D
R D O V E N O R E P E P O O
```

dream	to accuse
staff	furniture
today	where
trust	courage
dictionary	money
honest	mechanic
March	ninety-six
capsicum	sheet
stretcher	

```
I E S A T N E R T U N A G T
I N F O I M P I E G O Q A E
E P U N U I A I G E V M R C
N O O V U N C E A O A T M N
N I R I I U R C D I N A E O
P T I R G A Q E A P T X T I
A A A I L U T A N A A I O R
S F N L A N A M Z U Q V N E
R O A N E I O E A E U R I S
O B T P E L N A R Q A P C X
C G R O L T P I E F T C I U
Q E R A G N N A V N T B V B
S A D E M N F A R R R Q R E
I A R E F S I I A U O S O N
```

to dance	water
every	serious
taxi	cousin
flour	ninety-four
job	to dance
antenna	outside
nearby	spring
snake	thirty-six
sphere	

```
C R E M O I A M E L B O R P
H O P A C I A E A H E E M E
R M A C E L L A I O R V E R
Z E R A L R A P I A A F U A
T T I I E C R L I O R N E C
O V A B A O I B O A T U O I
O A U L E A M N S L Q T A T
O I T L B A A E I N A L L N
O O H E C N A O I Z R R I E
U R T C I A T C S T I O M M
U L T O C A N D E Z F O A I
L I C E E O Q O D C A L A D
O E A L M P O A I N U B E O
C M L N M N R I A T S R A R
```

high	five
to speak	file
volcano	tape measure
boss	cloud
phrase	eye
chair	trouble
beginning	to change
to forget	butcher

Previous answers: danzare, ogni, taxi, farina, impiego, antenna, vicino, serpente, sfera, acqua, serio, cugino, novantaquattro, ballare, fuori, molla, trentasei

```
E O O C I F I A N I T T A M
A R A B N G E E A C E I A N
O T T A N T A D U E R T I R
C O L A N D E S E N A O M I
O R O N C E A V E Z T N A B
R T P E O Z O O Z I T M F I
O L O R S N O A P O E A O B
E T A O T N N A I L P B Z L
R G O V I E R A A I S Z O I
A O A R O E N N E C A I N O
L N A D U R Z D A N G N T T
R C E E C A A O A I C M L E
U U P A N M T R R I T E I C
A O A A P O I G E N A Q A A
```

grandmother	cup
morning	eighty-two
to work	nice
choir	to shout
eggplant	nine
to wait for	Dutchman
gray	curtain
library	fig

No. 85

```
M G T S E V E N T U N O S A
A Z N A T S I D P T C E O R
N A A R N O E E R O S D D U
E E O I L E T T N S E E I N
A T S O R T P I A R E A C A
T E G R O E G N E R D T I I
I N O T E L T D E O O O A P
A V O R I O N T T I E N N E
E A V O T E T T A C I I N I
E V N T C E A B S B A M O N
N N O S M R R E O A O A V S
I O O R E R P N E G T C E R
M A E A O L L E T A R F N D
T P L N E S C O N T E N T O
```

to permit   brother
ivory   sixty-eight
to descend   distance
happy   rabbit
to adopt   twenty-one
plain   fish
drums   chimney
nineteen   corner
breast

```
E A E L A A G P P P R C P T
E E I N A A T S I L G R R E
R C M T N N D A T C I T S G
O E I I C A N I P S C E T M
S S O S E N S L O A D O P C
P E O A N N A R N E N O L A
O E T C S O O E V Q R I A A
A A T N I C S S C T R C L A
P R T O I S T O O O A T L P
L R C D N P P N L T R T E P
A N E I G O O D P A R C D E
O M U S N I G T I P G O O N
T U O S A V C P E O O E M A
A C A N G A T N O M I A R S
```

gift, present	just
spinach	cross
doctor	toad
model	small
Swede	mountain
list	granddaughter
harbour	

```
V  A  N  C  A  M  B  I  O  N  P  E  M  V
A  S  E  I  N  V  I  T  A  R  E  D  A  E
E  E  C  A  F  I  G  L  I  A  R  N  N  I
O  N  T  O  R  L  O  T  N  A  T  G  I  G
A  O  T  U  R  U  T  A  P  N  I  S  G  R
P  V  T  I  L  G  T  T  S  R  E  O  L  I
T  A  N  R  É  A  E  T  P  V  A  E  I  V
D  N  A  V  A  R  S  R  I  I  V  G  A  E
U  T  I  G  C  T  T  E  E  P  A  U  A  N
N  A  U  T  N  A  T  I  D  R  N  N  A  E
O  N  L  D  V  O  N  A  T  N  T  E  O  R
Ì  O  N  E  N  I  Ì  E  R  N  A  E  T  D
V  V  E  N  I  R  E  D  A  E  E  R  E  Ì
I  E  I  S  A  R  E  U  Q  G  A  V  G  M
```

big	plane
daughter	to come, arrive
dog	to treat
much	gear stick
painting	twenty-three
ninety-nine	to invite
to spot	health
handle	Friday

Previous answers: regalo, spinaci, medico, modella, svedese, lista, porto, appena, croce, rospo, piccola, montagna, nipote

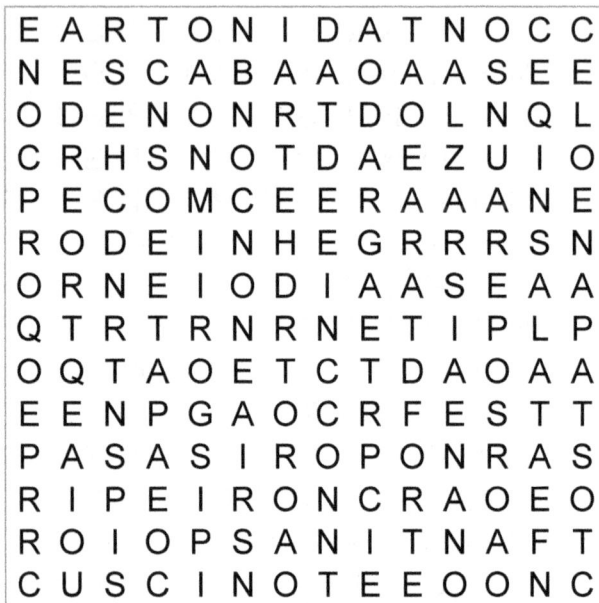

```
E A R T O N I D A T N O C C
N E S C A B A A O A A S E E
O D E N O N R T D O L N Q L
C R H S N O T D A E Z U I O
P E C O M C E E R A A A N E
R O D E I N H E G R R R S N
O R N E I O D I A A S E A A
Q T R T R N R N E T I P L P
O Q T A O E T C T D A O A A
E E N P G A O C R F E S T T
P A S A S I R O P O N R A S
R I P E I R O N C R A O E O
R O I O P S A N I T N A F T
C U S C I N O T E E O O N C
```

woman	toaster
pillow	forest
forty-six	degree
to stand up	reason
to ask	farmer
strong	comb
to answer	salad
work	chin
to give up	

```
S F C S A T D R O T I O R E
R T S H E A O F S D E I T V
E F L T I S E S U T L O T O
S T G E R T S R O L R A O T
N S E I G O A A E V M A C C
R I S Z N E F R N T O I D N
A A S A G E L I R T E I N A
E F E R O T L A N I A P P E
E A T G O I E P T A S D I I
C R T A A M L A F O R T U R
L M O T A C M E P E A E A E
O A E R A P U C C O E R P A
D C G R T E R A I C C A C R
P O S O T S A T C A U A S I
```

rainy	mild
thanks	lightning
icecream	chalk
drug	to repeat
guitarist	to hunt
to worry	hot
to rub	key
sweet	street
sixty-two	

```
E V A C O C I R A C S D I Q
O S I T N E C I D U I G O U
I I E M S C T M G C E L A A
H O U R S O N C N C D S E R
C O D N C A P C E A O R A A
C N C A A I C S V V A C I N
O N C B N A T A I R E A O T
N O C O E R N O P R O R T A
I N R E L T O M O A E R B S
G C E O I L O T N N N R C E
R A R R E C A H P U G N O T
B P E N A C U N T T A A A T
C I C L O N E P A E U C T E
R G C C N T E O T I R A M S
```

necklace	knee
judge	pond
in front	drain
cyclone	to buy
shed	husband
grandfather	army
brief	forty-seven
fist	tornado
answer	

```
E L A M E T L A P S S S O E
Z T C G A I E S C L E A I M
E M E I E I T O T R I O N E
C I L D C O Z I A O A T F O
L O Ò S I Z L T A I P C E L
R E T M E F T O Ò I C O R L
E E S S A O I F E S T A M E
S N E E D S N C O S S T I R
S O P A P B C S I P S T E T
A I E O I A S E O O V E R S
S P D R L O R S L I C T A A
S M R I R L C A R L A T O R
I A V G A L O F T N A O L I
M C S S I R A V V O C A T O
```

Scot, Scotsman	apart, separate
roof	rake
building	fat
that	party
beer	jaw
attorney	nurse
chicken	to adopt
sample	

```
I E A T T A C C O I L G A A
D U S T G N A E R O T T A É
E Q O F O E O R E V V A D R
V N U C E D I E N I A T N T
O I C A I S O T R A U T R A
I C O R R L T R T I R O N T
G A A E I A U A A R U T N N
C T A E Q U N A E R L G E A
N N A R M B O T R R E R E S
T A E A U R M E O D O T Q S
O R S A E T I T R T I T T E
E A T O T G T V O T T O O S
R U I S O S L E O T I O A M
C Q S E A A U S V I V L C A
```

van	forty-five
actor	forty-eight
to follow	really
last	feast
nose	Thursday
attack	to smell
plumber	garlic
sixty-three	motor
art	

```
E O O T R E N T A S E T T E
S E R A T S O C O E A V E S
E R E T N E R A N O U S O E
S A I I E N O G R E N N I S
T I T A A R M A U N A E A S
E C N N A C B D T I A O V A
T L E S R L A M P E C A E N
A A S I S T A A E N O D S T
R C S A N A N C A V A P A A
I T O E A O A I S R O T E S
A I R N I E F M A T O N P E
M T N A A H E A I N T O I T
T C A O N T C E I C E E L T
L E R E I L G O T E A T N E
```

church	path
to play	thirty-two
ladder	air
to cost	note
side	thirty-seven
to remove	friend
plan	to kick
sixty-seven	poet
November	

Previous answers: vettura, attore, seguire, ultimo, naso, attacco, idraulico, sessantatré, arte, quarantacinque, quarantotto, davvero, festa, giovedì, odorare, aglio, motore

No. 94

```
A C A F T N O S O V O I P E
S G A A E E L A N R O I G R
U E S B R O C C I A B P Q A
B R B T R L T D O C R U P T
O I N I R A R U E E A O E N
A L B M C O A N S L S R O O
P V S S E T F E E C O T A C
A E A O S N N I U S N A Q C
L M A U C Z O R N C R S O A
L E B A A R A E S A R C S R
E E E O I R C C E E R R A I
D N Q E E S M U C C A E S A
O R B T A O S D A D A R T S
M T N O D P R I G I O N E Q
```

minus	fog
rock	street
to rub	what, which
cow	to tell
presence	envelope
prison	model
elevator	to look after
rainy	newspaper

Previous answers: chiesa, suonare, scala, costare, fianco, togliere, piano, sessantasette, novembre, sentiero, trentadue, aria, nota, trentasette, amica, calciare, poeta

```
E N N O V O E O T E B N U O
O N U N N R N A O A I C E V
T A L O C I T A T O A O E U
T E S N T A H T I R R N M T
E P S P E A E C R L T U C T
N R N P A R R I N O A E I E
I O R R I L O E T A R T M R
B B A A O L L T N E L I I E
A L U T A E O A S B E A O C
G E U O I T P S R T L A P S
T M I R I T E C E N T O R O
O A A F R I C A N O N A E N
O R T E I D N M E L O N E O
R E E T N E D D V I I T E C
```

twenty-eight	to be
behind	African
battery	shoulder
to know	melon
wheelbarrow	crowbar
trouble	tooth
to swim	Italian
toilet	one hundred

No. 96

```
O I L C O M P R E S S O R E
I E L A T T E Q R I I T M T
C E A S A H A E L N N E R F
I N I E M I E M E L C E O N
R P A N C H I N A C N R I O
F I S R I S E O A T M H A P
I A O O I O L N A A I O M A
T T M N R A I C G R C F R R
N A M E N C I G G T I U O L
E G T D O N I P A S D O A A
D N E A Q O I E N E N R E R
I S Q U A E D U S N I I O E
E R E U D I C E E I U N E D
T A E E I S P A M M Q R T O
```

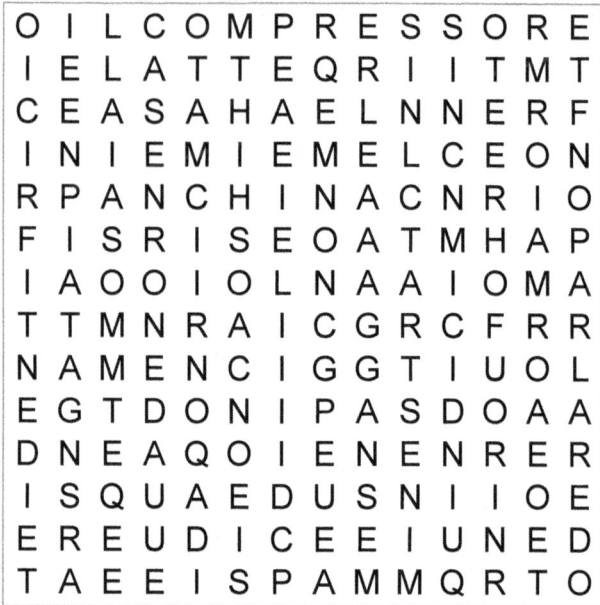

fifteen
mechanic
soup
torch
air pump
thirty-five
already
foot
bench

Dutchman
milk
entire, whole
to talk
cheese
toothpaste
idea
out

```
T A G L I A T E L L A L C I
E R A U N I T N O C E A C A
T E O C V O B T A R O S O L
B E O T A I A N A B T P S E
N E È B E F I T O E E E T A
U C B O A L F R S O A T R A
V L T A L R S È D O E T U G
O B S O L E A R T R P O I R
L R C O T L O O E C R C R A
O A O T E B E T A N S F E N
S V A I R H S V C B E I E C
O O È A A I O L I A M O S H
L R V G S U S B G L C A A I
E E O E O T L A N T S E G O
```

to exist	noodle
appearance	level
Arabian	high
to continue	edge
mail	to build
cloudy	coffee
handbag	good
crab	hill
leg	

No. 98

```
O N I E R E R E D A C C A A
I R R N S E C G G O M I T O
E E G O F O T D C C E A E A
R I L O I P P A O R N R I R
O D C O O N R E S C O R S T
I D S D E R I S A U D I R I
I E R F O E T C P I A R A O
L L O O E P I L N E O C Z T
O A L P E R O C A O C O L F
L A A G O M A A I G Z I A E
O A G O C I M E N D S L E I
V L E I I N S E E N E A A D
A S R E R A L R A P R R A C
T T E N E R E I R O R C T E
```

other	to get up
enemy	hip
thirteen	table
gift, present	shorts
sphere	to hold
elbow	after
kind	to occur
to speak	cause
money	

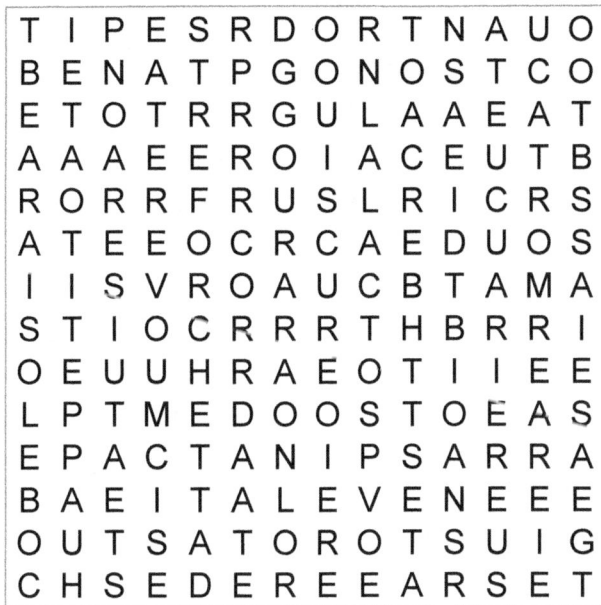

T	I	P	E	S	R	D	O	R	T	N	A	U	O
B	E	N	A	T	P	G	O	N	O	S	T	C	O
E	T	O	T	R	R	G	U	L	A	A	E	A	T
A	A	A	E	E	R	O	I	A	C	E	U	T	B
R	O	R	R	F	R	U	S	L	R	I	C	R	S
A	T	E	E	O	C	R	C	A	E	D	U	O	S
I	I	S	V	R	O	A	U	C	B	T	A	M	A
S	T	I	O	C	R	R	R	T	H	B	R	R	I
O	E	U	U	H	R	A	E	O	T	I	I	E	E
L	P	T	M	E	D	O	O	S	T	O	E	A	S
E	P	A	C	T	A	N	I	P	S	A	R	R	A
B	A	E	I	T	A	L	E	V	E	N	E	E	E
O	U	T	S	A	T	O	R	O	T	S	U	I	G
C	H	S	E	D	E	R	E	E	A	R	S	E	T

hairdresser	light switch
right	appetite
ocean	vest
to sit	thorn, spine
to look	candy
sun	snow
carrot	sand
fork	to move

No. 100

```
O U E L B C I E U C I V O O
T L N N T C N A R U T T I P
S I E C O A N T A O N O U S
O A T N P I A T A V N T O A
G I C I A A Z T S O T A D P
A C I E G C I A S U R B A O
C C I O I G C T C I À A N T
O U O A R I O I T T V S Z I
U R D N E I E L I A O I A N
A G I O I C V R O R L L R C
U I M R O G U C U V P A E M
B T U A T C L G C O A E M A
T M A U S O U I E L I C T I
O O E O O R O C O O I C R R
```

to dance	rabbit
bread	hanger
to act	action
disease, illness	sound
damp	cabbage
darkness	August
Saturday	magazine
blind	painting
egg	

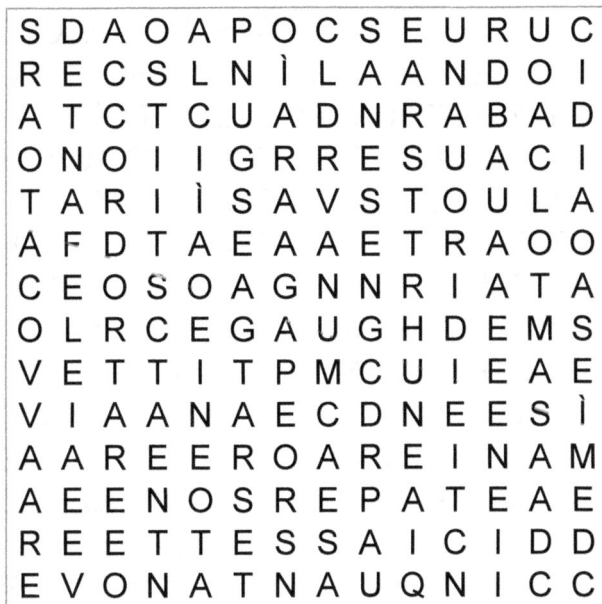

S	D	A	O	A	P	O	C	S	E	U	R	U	C
R	E	C	S	L	N	Ì	L	A	A	N	D	O	I
A	T	C	T	C	U	A	D	N	R	A	B	A	D
O	N	O	I	I	G	R	R	E	S	U	A	C	I
T	A	R	I	Ì	S	A	V	S	T	O	U	L	A
A	F	D	T	A	E	A	A	E	T	R	A	O	O
C	E	O	S	O	A	G	N	N	R	I	A	T	A
O	L	R	C	E	G	A	U	G	H	D	E	M	S
V	E	T	T	I	T	P	M	C	U	I	E	A	E
V	I	A	A	N	A	E	C	D	N	E	E	S	Ì
A	A	R	E	E	R	O	A	R	E	I	N	A	M
A	E	E	N	O	S	R	E	P	A	T	E	A	E
R	E	E	T	T	E	S	S	A	I	C	I	D	D
E	V	O	N	A	T	N	A	U	Q	N	I	C	C

Tuesday	dot
people, persons	agreement
to taste	blood
lawyer	fifty-nine
glasses	hose
elephant	seventeen
green	thirst
broom	way

```
T  L  O  T  T  R  E  R  E  V  I  R  C  S
E  T  E  R  O  E  E  Q  C  O  V  A  A  U
G  R  I  G  I  O  M  C  E  A  D  B  T  E
U  I  O  P  L  T  V  P  R  S  R  R  T  B
V  D  P  T  D  A  A  C  E  O  R  E  A  I
E  E  B  T  A  G  V  S  E  S  T  S  V  B
R  R  D  D  L  G  A  O  T  T  T  T  A  L
B  I  S  E  O  A  I  D  R  I  A  A  R  I
O  O  R  S  R  T  V  T  A  A  E  T  C  O
T  I  O  L  R  E  T  A  S  A  R  R  A  T
T  C  S  R  N  O  E  O  N  E  V  E  A  E
O  A  R  E  P  O  O  B  R  T  V  O  A  C
G  T  S  U  B  O  T  U  A  E  I  N  R  A
R  E  N  O  I  Z  E  L  B  T  R  A  I  P
```

storm	ahead
tie	library
doctor	keyboard
gray	October
detective	to work
lesson	work
proof, evidence	to see
bus	to write

```
S O R P R E S A H L A A A E
N O N R A I V R E C R E R F
L T T O E I O G E U C A E O
L R T U T E G A T U I G S A
A P N A M E I A L G T I N M
N V S A R A R R G S V E A C
A N F E L E C E A V P A A C
Z F V O P U F V A P N O R I
N N G M R F V C A E C A P A
A N E R A L I V C N U R G L
L T T I A V A N T I L P L O
E M H O N I R T S E N I F C
M C A R R E R A V I R R A L
S E R E G G I S E N O R T A
```

temperature	to arrive
window	life
notice	forward
surprise	light
just	peace
alcohol	mute
to slap	bra
eggplant	throat
to read	

No. 104

```
L N O I Z U C C A I F P G P
I E T N A T N A C I V E M T
T C P A E S C M N E G S S L
N A I P G A A E S N S O N I
I R E R R B P T G P P A C A
I L L I I N I A U R C G N M
O A N L I T T G A T I O T A
N O O E O T N C A A A P N I
A M E N O A C R O L Z O S G
I P P G G I U R O G I A O I
P P P I G C E S O S S U R P
E M S L C N I U R R R L S S
A F I G L I O O O O C T M A
S O R I E E O V P G P L I U
```

dress	Russian
singer	island
thin	pajamas
April	cat
sponge	pumpkin
less	nice
eyebrow	son
plane	black
care	

Previous answers: temperatura, finestrino, avviso, sorpresa, appena, alcol, schiaffeggiare, melanzana, leggere, arrivare, vita, avanti, luce, pace, muto, reggiseno, gola

```
R A T E N A P A T S O T A A
O T T R I P A G A R A U G T
A E U Q R A O N E O A O O T
R O R N U A N M A P A N L E
S C R A R A D I C T A S L V
A R O A T A R I C S U A Q U
A V T V R R N A O U M P U L
T O E S N S O R N I C N A C
S A R I A V R P N T A P T A
O N R L O I R A N P A A T N
C A A U D A R E A Q O D R O
O T N E G P A G I N A R O A
A L R A A O C U G V S E R V
R E O U M A R M E L L A T A
```

shore

radio

page

new

father

kitchen

toaster

animal

jam

forty

pay, wages

salad

four

to smile

earth

to bring

volcano

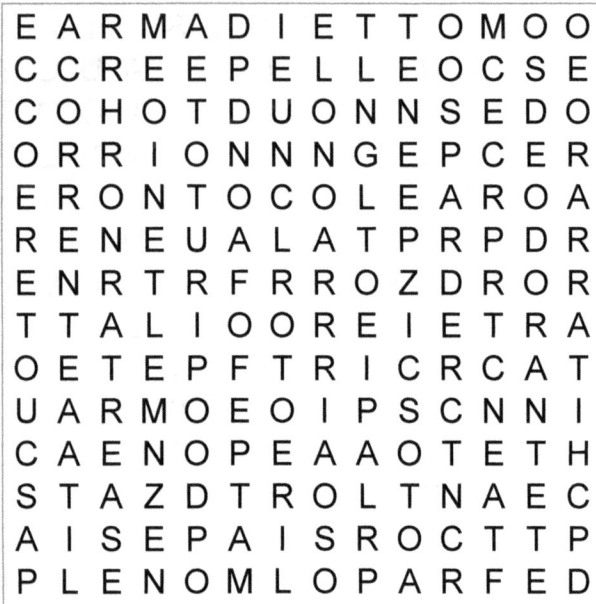

```
E A R M A D I E T T O M O O
C C R E E P E L L E O C S E
C O H O T D U O N N S E D O
O R R I O N N N G E P C E R
E R O N T O C O L E A R O A
R E N E U A L A T P R P D R
E N R T R F R R O Z D R O R
T T A L I O O R E I E T R A
O E T E P F T R I C R C A T
U A R M O E O I P S C N N I
C A E N O P E A A O T E T H
S T A Z D T R O L T N A E C
A I S E P A I S R O C T T P
P L E N O M L O P A R F E D
```

zero	to shake
deodorant	boss
guitarist	locker
current	bridge
piano	guitar
lung	thunder
stormy	skin
ward	weight
balloon	

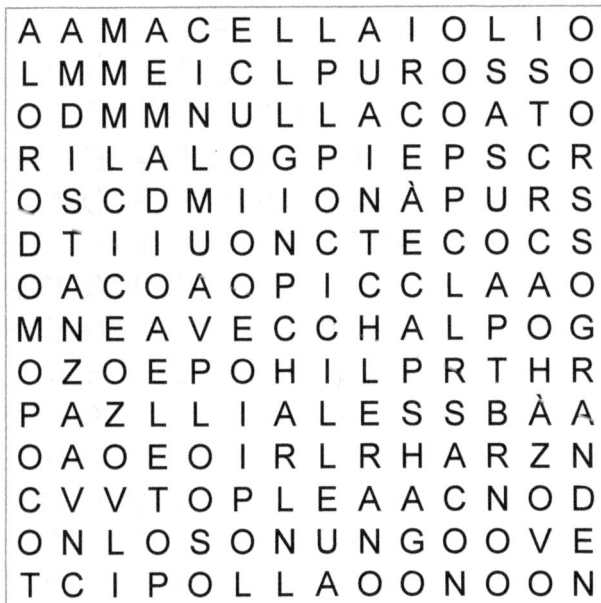

```
A A M A C E L L A I O L I O
L M M E I C L P U R O S S O
O D M M N U L L A C O A T O
R I L A L O G P I E P S C R
O S C D M I I O N À P U R S
D T I I U O N C T E C O C S
O A C O A O P I C C L A A O
M N E A V E C C H A L P O G
O Z O E P O H I L P R T H R
P A Z L L I A L E S S B À A
O A O E O I R L R H A R Z N
C V V T O P L E A A C N O D
O N L O S O N U N G O O V E
T C I P O L L A O O N O O N
```

nine	red
onion	fox
spoon	distance
nothing	mirror
speed	tomato
everyone, each	chisel
arm	butcher
big	to understand
mother	

```
R  E  N  A  A  S  O  T  F  E  I  N  P  P
S  U  A  Z  R  E  C  A  C  B  A  A  A  D
O  P  T  T  Q  S  R  O  N  A  É  G  C  O
R  A  A  T  T  M  A  E  R  E  A  E  T  P
R  E  S  G  A  O  O  A  D  R  E  O  N  O
A  B  R  C  N  E  R  B  E  E  E  A  H  B
C  I  O  B  E  O  R  G  R  I  I  R  R  A
E  S  T  F  P  O  L  I  A  I  N  H  E  R
N  C  U  C  A  N  Z  O  N  E  N  E  C  B
N  O  R  R  D  O  R  B  I  I  U  A  I  A
C  T  S  S  N  A  T  O  Z  C  F  O  G  G
T  T  O  É  R  T  I  T  N  E  V  E  N  P
D  O  D  E  S  E  R  T  O  S  C  R  O  A
E  C  C  S  R  O  T  T  E  N  I  M  A  C
```

cave	to ask
song	fireplace
to flow	Spaniard
aftershave	cart
to finish	to pay
biscuit	twenty-three
frost	drug
swan	desert

```
E  S  A  R  F  P  P  A  Ì  M  O  A  E  F
V  C  O  O  N  A  I  E  I  D  I  E  O  A
Ù  O  O  Ì  C  B  A  Ù  N  S  E  R  O  S
D  C  N  N  T  U  A  E  A  N  O  A  R  D
C  A  A  O  Q  E  B  T  O  O  E  F  C  E
S  Ì  V  C  C  I  N  I  C  D  V  L  F  E
E  H  I  R  D  A  P  O  F  E  N  D  L  O
D  M  D  O  F  M  N  J  N  I  B  U  I  O
E  A  F  P  A  T  O  E  O  O  N  H  C  O
R  R  E  C  A  D  R  A  O  O  C  I  I  Ù
E  M  E  B  I  D  N  N  R  C  E  I  N  P
N  O  I  A  Ì  E  F  S  E  L  C  A  Q  R
E  L  R  J  N  E  P  S  E  O  V  V  U  R
E  E  D  N  A  M  I  I  N  U  C  R  E  H
```

Friday	marble
sofa	fancy
bucket	to do, to make
jeans	accountant
paintbrush	bottom
phrase	hole
to hate	five
pig	champion
more, most	

Previous answers: grotta, canzone, scorrere, dopobarba, finire, biscotto, brina, cigno, chiedere, caminetto, spagnolo, carro, pagare, ventitré, farmaco, deserto

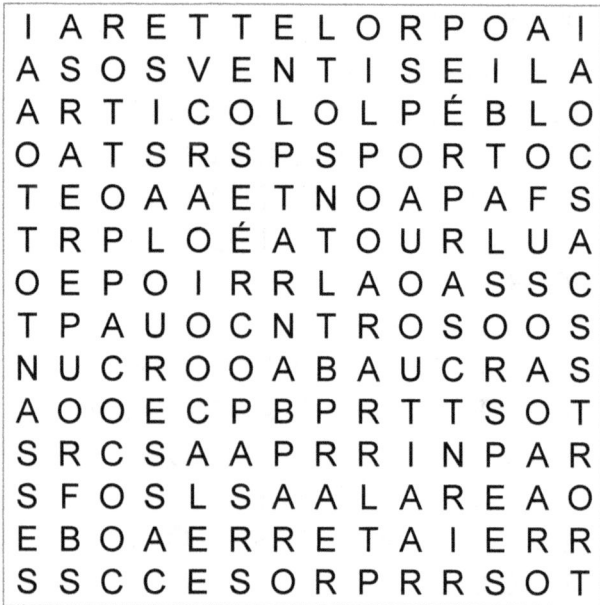

I	A	R	E	T	T	E	L	O	R	P	O	A	I
A	S	O	S	V	E	N	T	I	S	E	I	L	A
A	R	T	I	C	O	L	O	L	P	É	B	L	O
O	A	T	S	R	S	P	S	P	O	R	T	O	C
T	E	O	A	A	E	T	N	O	A	P	A	F	S
T	R	P	L	O	É	A	T	O	U	R	L	U	A
O	E	P	O	I	R	R	L	A	O	A	S	S	C
T	P	A	U	O	C	N	T	R	O	S	O	O	S
N	U	C	R	O	O	A	B	A	U	C	R	A	S
A	O	O	E	C	P	B	P	R	T	T	S	O	T
S	R	C	S	A	A	P	R	R	I	N	P	A	R
S	F	O	S	L	S	A	A	L	A	R	E	A	O
E	B	O	A	E	R	R	E	T	A	I	E	R	R
S	S	C	C	E	S	O	R	P	R	R	S	O	T

wheel	above, over
thirty-three	article
twenty-six	goat
lip	coat
saucepan	playground
to whisper	letter
sixty-eight	thing
plug	sport
crowd	

```
E G R A N D I N E A F F R O
I N F E O A Q Q P I A R N E
S T A T R N O R A M L R E N
E C R E V I A R I A O O V I
D O T R S I T G U I B C I E
I N I S C O L N G P I M N A
C T S S N I E G E S E U O N
I A T S A E O N O S B S O B
E D A Q A S V D O E A T A O
A I A R I L E V A R E R O E
C N N O E A R I S P E T T O
I O U D A A S A L S I P T G
D A L R E T T E S I T N E V
E T N F P S E N S N E L I P
```

scarf	bomb
respect	hail
cloud	cliff
to notice	moon
to feel	capsicum
sixteen	artist
family	lounge room
farmer	twenty-seven

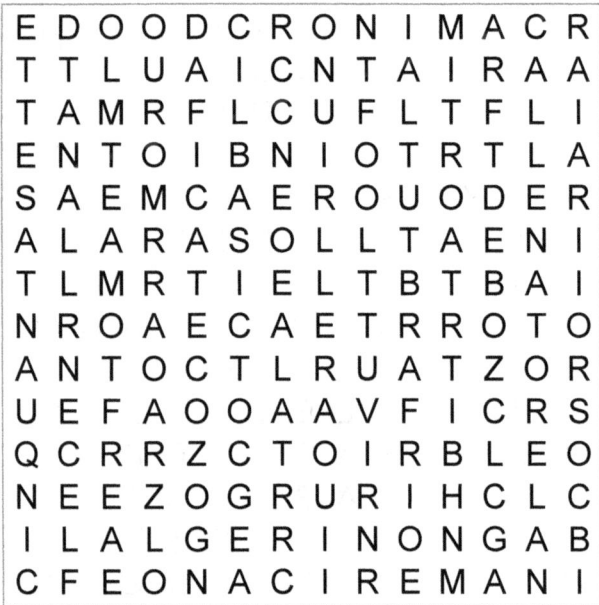

```
E D O O D C R O N I M A C R
T T L U A I C N T A I R A A
T A M R F L C U F L T F L I
E N T O I B N I O T R T L A
S A E M C A E R O U O D E R
A L A R A S O L L T A E N I
T L M R T I E L T B T B A I
N R O A E C A E T R R O T O
A N T O C T L R U A T Z O R
U E F A O O A A V F I C R S
Q C R R Z C T O I R B L E O
N E E Z O G R U R I H C L C
I L A L G E R I N O N G A B
C F E O N A C I R E M A N I
```

you	bear
surgeon	paper
blender	bath
chimney	eighteen
summer	American
trainer	capable
handkerchief	Algerian
fifty-seven	weather
to lick	

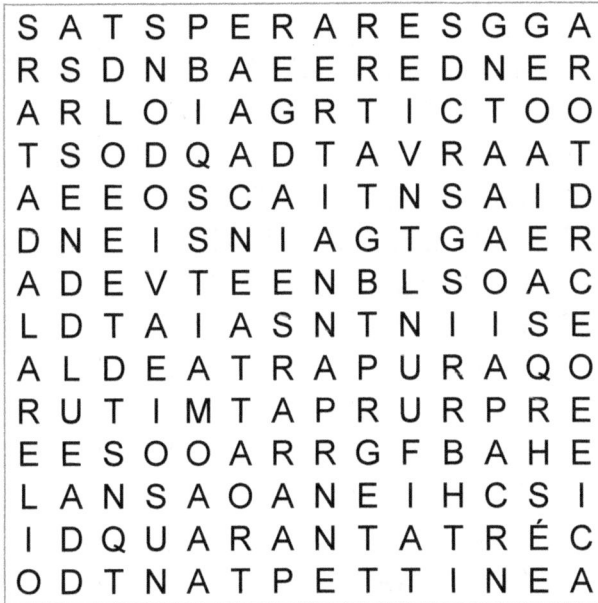

No. 113

```
S A T S P E R A R E S G G A
R S D N B A E E R E D N E R
A R L O I A G R T I C T O O
T S O D Q A D T A V R A A T
A E E O S C A I T N S A I D
D N E I S N I A G T G A E R
A D E V T E E N B L S O A C
L D T A I A S N T N I I S E
A L D E A T R A P U R A Q O
R U T I M T A P R U R P R E
E E S O O A R R G F B A H E
L A N S A O A N E I H C S I
I D Q U A R A N T A T R É C
O D T N A T P E T T I N E A
```

farewell	to give back
knot	to yawn
to dream	to hope
back	watermelon
seventy-two	comb
cream	to avoid
world	forty-three
date	belt
sentence	

```
C E S A F A G I O L O E L E
A T S I V E M M S I S S C T
O I C C A I H G Q R L O O L
O O D O A L L A F R A F E N
E U Q N I C I T N E V N S L
T E A L Q O L P O L L E N A
A O R D A S M A N I E R A O
C E S A N M S I C E O R U T
Q F L S T E P I S R L L A T
M A E E I T T A A S A A C E
A I E A I R E E D C O N E S
T S E C T M E C A A Q R I R
N N L R I A L M C A A U P O
O E A A M A C U E A A R A M
```

curtain	butterfly
ice	water
honey	twenty-five
bean	real
to cough	view, sight
ring	next
to accept, to admit	manner
clamp	skull
lamp	

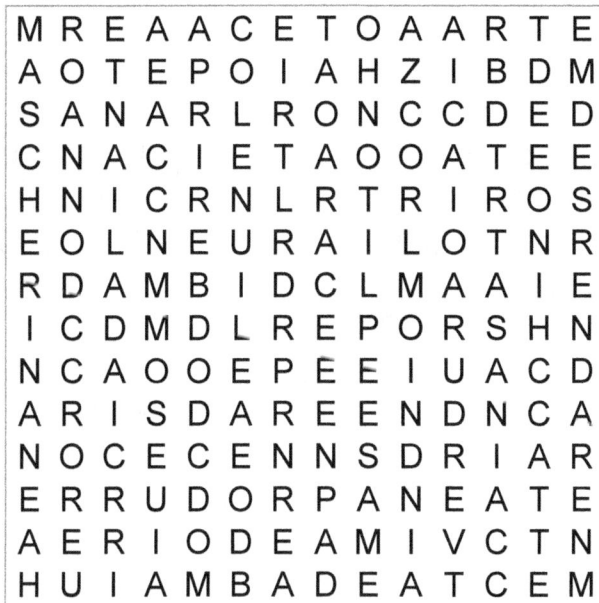

```
M R E A A C E T O A A R T E
A O T E P O I A H Z I B D M
S A N A R L R O N C C D E D
C N A C I E T A O O A T E E
H N I C R N L R T R I R O S
E O L N E U R A I L O T N R
R D A M B I D C L M A A I E
I C D M D L R E P O R S H N
N C A O O E P E E I U A C D
A R I S D A R E E N D N C A
N O C E C E N N S D R I A R
E R R U D O R P A N E A T E
A E R I O D E A M I V C T N
H U I A M B A D E A T C E M
```

to produce	hair
ambulance	to open
to give	to believe
chair	exam
glider	to break
hallway	turkey
woman	chin
soldier	mask
vegetable	

```
D I M E N T I C A R E A R R
A F A R M A C I S T A N E A
I L C O Z N I E R E O I O O
I O R L N A A A R R F S P M
B T A M D I N E O I O L O O
E L A O E I D P R T O F Z G
A R N I P A O T S P N L Z L
I O E O C R O O O O A E A I
U E T C T P C P C O R T G E
T E A O N P R S M A E T A D
A R I L R C O T A A O E R C
R T I I E A C I M A C R C A
E A R P A M F E D I L S I C
B L O C C A R E P D C I C L
```

death	to bend
girlfriend	field
octopus	to block
boy	gift
expensive	pharmacist
wife	to happen
harbour	to help
to forget	niece or nephew
apple	

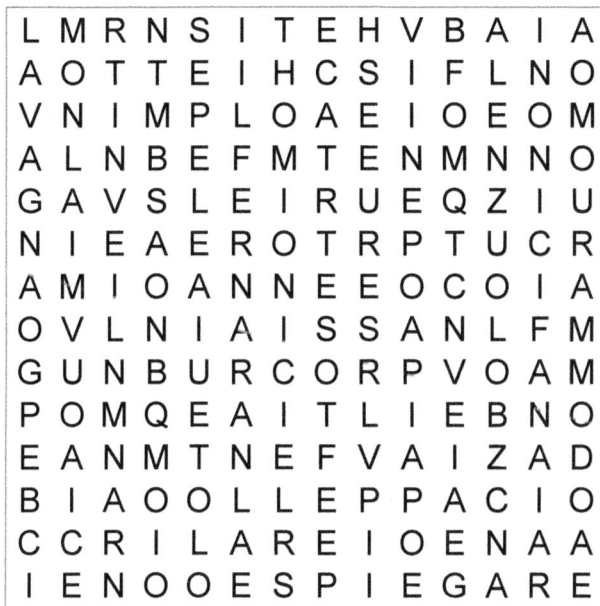

```
L M R N S I T E H V B A I A
A O T T E I H C S I F L N O
V N I M P L O A E I O E O M
A L N B E F M T E N M N N O
G A V S L E I R U E Q Z I U
N I E A E R O T R P T U C R
A M I O A N N E E O C O I A
O V L N I A I S S A N L F M
G U N B U R C O R P V O A M
P O M Q E A I T L I E B N O
E A N M T N E F V A I Z A D
B I A O O L L E P P A C I O
C C R I L A R E I O E N A A
I E N O O E S P I E G A R E
```

month	blackboard
fashion	spice
to live	man
to explain	waiter
fifty-one	whistle
sheet	sign
child	bay
hat	fisherman
tyrant	

```
T  R  I  I  I  C  H  I  A  M  A  R  E  R
O  R  A  E  R  A  R  T  N  E  R  A  S  N
E  R  T  T  O  O  N  N  O  S  A  L  I  A
M  E  O  S  E  R  A  T  N  E  V  I  D  D
I  R  A  L  G  I  T  C  M  E  T  I  A  S
O  E  A  R  O  O  N  P  I  O  D  N  A  L
E  V  I  O  O  G  R  O  R  O  N  I  P  E
A  A  C  M  T  R  I  U  L  O  T  O  E  A
E  D  C  B  T  N  T  O  D  A  L  O  T  T
I  N  O  R  E  N  N  L  M  T  T  N  L  R
R  A  B  A  F  R  B  A  R  U  B  N  I  A
E  E  B  I  R  N  I  O  A  O  S  R  A  T
I  B  O  C  E  T  N  S  N  G  O  E  N  P
N  A  C  A  P  A  I  A  E  N  T  N  O  O
```

perfect	pants
hard	sleep
to call	armchair
eight	shadow
to become	damage
bowl	bowl
yesterday	museum
watch	to enter
to have	

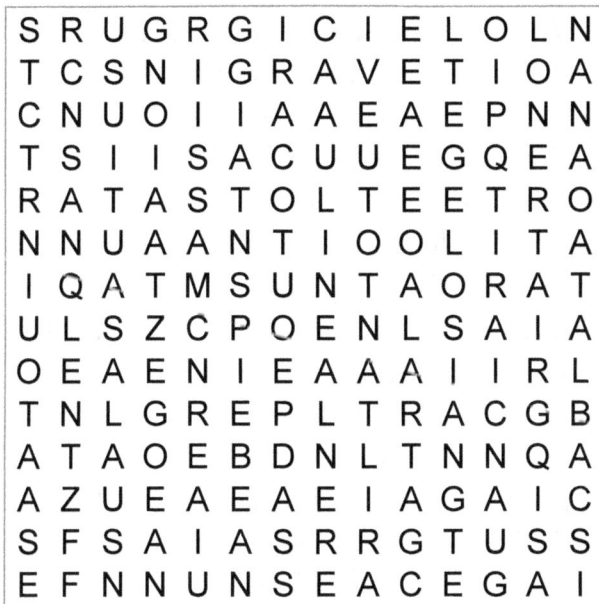

S	R	U	G	R	G	I	C	I	E	L	O	L	N
T	C	S	N	I	G	R	A	V	E	T	I	O	A
C	N	U	O	I	I	A	A	E	A	E	P	N	N
T	S	I	I	S	A	C	U	U	E	G	Q	E	A
R	A	T	A	S	T	O	L	T	E	E	T	R	O
N	N	U	A	A	N	T	I	O	O	L	I	T	A
I	Q	A	T	M	S	U	N	T	A	O	R	A	T
U	L	S	Z	C	P	O	E	N	L	S	A	I	A
O	E	A	E	N	I	E	A	A	A	I	I	R	L
T	N	L	G	R	E	P	L	T	R	A	C	G	B
A	T	A	O	E	B	D	N	L	T	N	N	Q	A
A	Z	U	E	A	E	A	E	I	A	G	A	I	C
S	F	S	A	I	A	S	R	R	G	T	U	S	S
E	F	N	N	U	N	S	E	A	C	E	G	A	I

coffin	train
key	head
nearly, almost	jealousy
serious	cupboard
choice	cheek
line	joy
crutch	sky
much	outside
car	

Previous answers: perfetto, duro, chiamare, otto, diventare, ciotola, ieri, orologio, avere, pantaloni, sonno, poltrona, ombra, danno, boccia, museo, entrare

```
V P A V I M E N T O R O O P
A P E C C S Z C T C M O I E
R P E R S O N A S Ò V A E L
R R S É A P E N C I N N G R
N O M I Ò R R M O O O O N I
O T U M P A S E O I T U S L
E I E R Ò B R O P A V A M I
D R O R R A C M R O V E A C
O P P E M I A A L V P Z O O
L E V A R C P O I A Z P O L
C E I A N E S S A A S R O P
E H C I S O O C T É R N M I
C S O G G I P A E N R E O R
C O É R T A T N A S S E S E
```

to call	floor
above, over	champion
apart, separate	mute
today	cloudy
drain	sweet
sixty-three	short
cup	person
to hit	notice
plan	

```
E  U  R  E  R  B  E  R  R  E  T  T  O  S
E  R  T  U  A  S  O  A  P  R  A  H  E  O
O  O  O  P  S  T  I  T  N  E  V  T  B  R
N  C  E  T  N  S  E  O  A  T  T  N  S  G
B  T  S  E  O  L  A  I  T  A  A  O  A  T
O  R  V  O  I  M  S  R  N  I  E  E  A  O
M  V  M  M  B  A  A  T  E  R  S  E  A  C
B  E  O  A  T  V  U  R  T  U  R  T  I  C
A  N  E  N  V  N  E  S  T  G  L  E  Z  A
E  T  A  I  O  I  O  A  E  N  A  O  I  R
V  F  S  O  P  U  O  A  T  A  A  M  L  E
I  O  N  M  O  T  A  L  E  G  T  R  O  C
T  T  O  V  A  N  A  O  T  F  U  O  P  S
E  P  N  S  T  I  T  T  U  O  T  U  A  I
```

fantasy	to touch
icecream	advice
wind	police
watermelon	snoring
motor	bomb
screw	wood
fireman	cap
twenty	lemon
seventy-one	

```
E A E T B C U D E E P B L T
O P I C C C I N O O A A R A
A N N R B E R T S T O E P T
F C E E T O L S T P N R V M
O R O R U A O E P T R O O A
B F O R N M R A A S A C L G
E R A C S I A N A O N T T R
L O C L A I O T R A L H A A
F E U A S V A R I O N S E Z
A A B I E A A F R C S N T I
E N O R D A P I I E O P A E
U E R O S E P A R A R E O B
P I N Z E T T E E R E C A T
G E P P Q U A R A N T U N O
```

behind	ward
thanks	to separate
side	high
master	forty-one
tire	battery
tweezers	drip
toad	thirty-nine
to be quiet	

M	N	A	O	Ù	R	M	T	I	I	A	O	M	C
A	L	T	O	C	F	A	O	T	E	V	E	A	R
I	I	R	L	A	G	E	S	D	I	L	R	L	S
E	M	R	O	L	F	O	S	S	O	I	P	R	T
P	T	M	I	I	I	S	T	N	N	E	A	A	O
T	M	A	L	O	L	A	E	O	N	G	R	Z	L
A	R	M	N	M	F	G	P	I	Ù	S	L	N	L
E	S	R	O	C	F	A	O	R	E	P	A	A	A
A	T	S	M	A	L	G	R	F	O	A	R	R	V
E	A	N	E	I	H	C	S	G	A	I	E	E	A
H	I	O	N	N	T	L	L	L	O	T	L	P	C
R	O	E	N	A	T	I	L	I	S	T	R	S	A
Z	E	P	R	E	S	E	N	Z	A	O	O	O	O
A	A	L	A	I	Z	I	C	I	M	A	O	F	P

to cut	hope
more, most	absent
wallet	presence
back	way
photographer	to talk
horse	film
melon	tall
friendship	pretty
view, sight	

```
O O G O R O M G O N O A O M
L U I E T I S O I E U N A T
O O L I E E R A E U G I R O
N L E M R L R O N E S A U S
U L T M T I E I R G I T N O
T E L A V E N I R E U O O V
N P T G M U E D E A O E O O
A P O I R G O R I E P T U I
U A S N G R I E O O O P T P
Q C S E M R C O O R R P A O
N N O I O A S O C E M A M O
I P R M P C R L C A I P R N
C E G A A S S A C A R E M G
L E C I E U R G O A M E R E
```

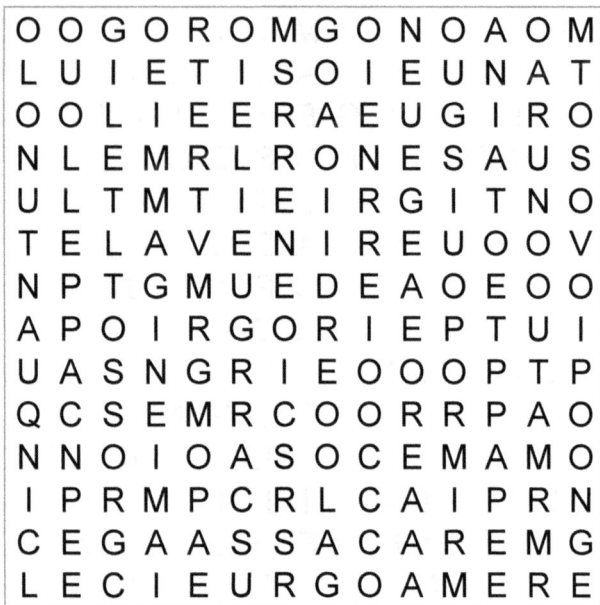

to die
box
eight
hat
capable
to come, arrive
blood
fifty-one
to sleep

vest
kingdom
image
right
rainy
to play
big
to appear

```
O P O M R T C A R R I O L A
E F D I S T A N Z A E I N A
R I L N B I R R A A R D S C
I E R O I O P E E C A I T M
I O O O D F T D R A T R G N
S E C A M I C I A I E T I N
I L A I H C C O T D S A U C
T I I I A R A A I E F S A A
C R O U S O T C M R P N O O
A A C S D O I O I A C P I T
A R O N I N L C S E I A A R
L T O R T A A E L I M D A N
O M T N T N O L G F T A A O
I O A T O D O A T S E R O F
```

thirteen	wheelbarrow
glasses	to cough
jealousy	beer
distance	world
gate	shirt
cake	appetite
African	forest

www.ingramcontent.com/pod-product-compliance
Lightning Source LLC
Chambersburg PA
CBHW070811050426
42452CB00011B/1993